车联网数据的
法律治理体系研究

肖 翰 ◎ 著

知识产权出版社
全国百佳图书出版单位
—北京—

图书在版编目（CIP）数据

车联网数据的法律治理体系研究 / 肖翰著 . —北京：知识产权出版社 , 2023.11
　　ISBN 978-7-5130-8969-2

　　Ⅰ . ①车… Ⅱ . ①肖… Ⅲ . 汽车—物联网—数据管理—科学技术管理法规—研究—中国 Ⅳ . ① D922.174

中国国家版本馆 CIP 数据核字（2023）第 213087 号

责任编辑：王颖超　　　　　　　　　　　责任校对：谷　洋
封面设计：北京麦莫瑞文化传播有限公司　责任印制：刘译文

车联网数据的法律治理体系研究
肖　翰　著

出版发行	知识产权出版社有限责任公司	网　　址	http://www.ipph.cn	
社　　址	北京市海淀区气象路 50 号院	邮　　编	100081	
责编电话	010-82000860 转 8655	责编邮箱	wangyingchao@cnipr.com	
发行电话	010-82000860 转 8101/8102	发行传真	010-82000893/82005070/82000270	
印　　刷	天津嘉恒印务有限公司	经　　销	新华书店、各大网上书店及相关专业书店	
开　　本	720mm×1000mm　1/16	印　　张	14	
版　　次	2023 年 11 月第 1 版	印　　次	2023 年 11 月第 1 次印刷	
字　　数	200 千字	定　　价	88.00 元	
ISBN 978-7-5130-8969-2				

出版权专有　侵权必究
如有印装质量问题，本社负责调换。

序

随着信息技术的迅猛发展,新一代传感技术、信息处理技术、人工智能技术等前沿技术在交通领域得以落地生根。车联网基于无线蜂窝广域通信网络技术,以车载终端、传感器、导航定位、路侧单元及其他交通智能设施,依托车内网、车际网、车载移动互联网三大通信体系,进而实现车与车、车与人、车与路以及车与城市基础设施之间的实时信息共享。作为物联网技术在交通领域的具体应用,尤其是在汽车电子化、网络化、智能化、自动驾驶化趋势下,智能网联汽车不再是独立的信息单元,万物互联、万物互通成为可能,为车联网产业的发展提供了广阔的空间。

车联网突破了汽车数据"信息孤岛"的藩篱,在数据的共享、聚合、裂变中生成了形态各异的车联网数据。车联网数据是车联网产业发展的基础,海量车联网数据在不断生成的同时亦循环往复构成车联网产业的基本原料,成为智能交通建设的关键性要素乃至战略性资源。然而,车联网数据这一新兴数据的诞生,势必将对现有的数据治理体系带来冲击,如何实现个人信息保护、数字经济发展、国家安全之间的齐头并进与有机统一成为该领域的主要命题之一。为了规范车联网产业发展,我国持续加大车联网数据的制度供给,理论界亦对车联网数据的法律治理进行了一定的研究。但相关理论研究呈现出三个特点。其一,学术空间有待打通。通观现有车联网数据的研究,立足法学、进行跨学科的研究并不多。对车联网数据的法律治理往往集中于个人信息、隐私保护、数据安全某一方面,车联网数据法律治理研究呈现散状态势，缺乏车联网系统性、联动性治理研究。其二，学术范式有待形成。目前对车联网数据的法律治理研究缺乏可资借鉴的成熟理论范式，车联网数据法律治理研究仍依托于数据法律保护理论，如何将宏观数据研究与车联网数据的研究有效融合，并形成车联网数据法律治理成熟的理论范式值得进一步探究。其三，学术容量有待扩容。车联网数据渗透于生活方方面面，牵涉人工智能法律治理、隐私权、个人信息保护、数据安全，甚至反垄断等不同领域，当前车联网数据研究范围有待进一步拓展。《车联网数据的法律治理体系研究》一书正是回应上述命题、解决现有问题的有益尝试之一。

《车联网数据的法律治理体系研究》从车联网技术的底层逻辑出发，根据数据形态演进与转化逻辑，基于历时性与共时性双重视角，构建车联网个人信息、企业数据、重要数据（核心数据）三大车联网数据形态的单一治理模式与体系治理模式。在此过程中，作者主要做了如下创新尝试。

其一，单一治理与体系治理相统合。考虑到不同形态车联网数据治理的差异性，从个人信息、数据产权、数据安全三个重要维度构建车联网个人信息保护规则、车联网企业数据保护规则、车联网跨境监管规则等具体制度，并据此进行车联网数据治理原则、治理理据、治理框架、治理规则等体系构造，确保车联网数据法律治理理念价值融贯。其二，技术治理与法律治理相融合。通过对技术规范与法律规范的路径差异加以厘定，进而厘清法律治理与技术标准、算法规制、行业自律等之间的内在互动逻辑。其三，境内治理与跨境治理相配合。在构造车联网个人信息、企业数据等境内保护规则的同时，以分类分级下的重要数据为逻辑线索，建构车联网数据境内储存、数据企业资质及准入规则、数据分级与跨境流动审批规则、数据清单规则等，衔接好境内治理规则与跨境治理规则，形成全方位、分层次、立体化车联网数据法律治理体系。

可见，《车联网数据的法律治理体系研究》既涉及汽车、电子信息、计算机、控制技术、人工智能等工程技术学科，又涉及民法、经济法、知识产权法、国际法、个人信息保护法、数据安全法等不同部门法领域，需要进行跨学科、跨行业研究，对知识的广度和深度提出了较高要求。与此同时，车联网作为行业发展的产物，目前并未形成独立的法学研究范式。对车联网数据法律治理的研究需要在结合数据治理范式的基础上，立足法学基石予以系统的体系化构造，从而对"形而上"的抽象思维能力和"形而下"的具体把握能力提出了较高的要求。作者坚持以问题为导向，综合运用多种研究方法，充分占有研究资料，理论联系实践，以具体的制度设计为落脚点，力求所提建议可操作、能落地，对车联网数据的法律治理具有重要的参考价值。当然，作为年轻学者首次出版的个人专著，书中尚存有待继续打磨之处，但这并不影响该书整体上的价值。

本书的作者肖翰博士，是我指导的博士研究生。他具备车辆工程专业背景，长期以来密切关注我国汽车行业的技术进步和产业发展，对我国汽车行业的技术衍变、发展趋势及政策导向具有较为深入的了解和充实的知识积淀，能够为车联网数据法律治理的研究提供有效的基础知识支持。同时，肖翰在硕博期间就读经济法学专业，对法学基础知识及经济法基础理论和制度规则进行了专题学习和系统强化。尤其是就读博士期间，他着重强化了对竞争法与知识产权法的学习，并就汽车领域知识产权与竞争法的交叉议题开展前沿研究，撰写了一系列涉及具体工业场景与法学理论研究相结合的学术论文，学术能力得以进一步训练和提升。肖翰博士在毕业后，不忘为竞争法及知识产权法学研究添砖加瓦，在繁忙工作之余，整理出版个人专著，对此我甚感欣慰。希望肖翰博士继续拓展和延伸相关研究，笔耕不辍、更进一步，为我国车联网领域法学理论研究和制度完善继续贡献力量。

宁立志

2023 年 7 月

于武汉大学珞珈山

前　言

伴随着新一代的信息革命和技术变革，汽车产业、电子产业、信息通信产业、交通运输业等得以深度融合，智能网联汽车已然成为一种重要的移动终端和基本信息单元，并在多场景应用中产生海量的车联网数据。静态的单个车辆数据主要包括车主信息、车况数据、人车交互数据、周围环境感知数据等，并不具有强烈的法律关切。而云计算、大数据、人工智能、区块链等技术的兴起，使车联网数据以动态的聚合形态加以呈现，数据形态日趋复杂，不同车型、不同数据类型、不同国家的车联网数据相互交织、聚合。车联网数据穿梭于车内网、车际网、车载移动互联网等信息网络体系，广泛分布于车联网系统"云－管－端"之中，具有形态的多变性、数据属性的多样性、通信方式的多元性、数据终端的多源性等特征。

车联网数据作为数据的重要组成部分，在个人信息、数据财产权保护、数据安全等方面具有与各类数据共性的治理需求，数据保护和治理的法律实践、研究范式对车联网数据的治理具有重要的启示意义。然而，亦应看到，车联网作为一种新兴产业，牵涉领域广、影响程度深、技术专业性强，难以植入现有数据治理范式之中。近年来所发生的非法获取4S店车辆维修、保养数据等案例，"失控奔驰"事件中数据远程获取问题，"特斯拉车主维权风波"中行车数据公开问题，"酷米客诉车来了案"中车联网数据财产属性问题，"滴滴出行"赴美上市引发的国内车联网数据信息披露问题，特斯拉等跨国车企车联网数据的境内存储问题等，无不反映出车联网数据法律治理交织着数据治理共性规则与数据治理特殊规则、个人利益维护与公共利益保护、境内数据治理与境外数据治理等多种维度的法律问题。车联网个人信息泄露、车联网数据权利归属争议、车联网数据安全等问题日渐显现，严重掣肘车联网产业的健康发展。

我国虽然逐渐关注车联网数据的法律治理问题，车联网数据开始成为独立的法律治理对象，专门针对车联网数据某一方面的立法开始兴起，但总体来看，重技术治理轻法律治理、重政策宣示缺法律规范、重局部保护轻系统保护等问题较为突出，并在一定程度上制约着车联网产业的发展。基于车联网数据的立法实践尚不成熟，法律治理对象模糊、法律治理框架松散、法律治理范式不足、法律治理方法缺失等症结尚未妥善解决，建构一体化的车联网数据法律治理体系刻不容缓。车联网数据作为车联网产业发展的核心，关乎交通强国战略、汽车强国战略、国家5G新基建战略、国家大数据战略、国家安全战略等系列重大战略决策部署的落地，车联网数据的法律治理理应在数据治理体系中获得独立的地位。

本书贯穿车联网数据全生命周期，科学界定车联网数据，立足法学视角，综合车联网生成机理、数据形态、聚合程度等因素，将车主信息、车况数据、人车交互数据、周围环境感知数据等车联网事实数据予以类型化分析。车联网数据欲在数据法律治理体系获得一席之地，逻辑起点便是将上述车联网事实数据，适配于物、人格、智力成果、竞争利益等法律关系客体之内。本书遂基于个人信息维度、数据产权维度、数据安全维度三个面向，析出个人信息维度之下的个人信息、敏感个人信息，数据产权维度之下的数据财产（物、智力成果、商业秘密、竞争利益），数据安全维度之下的重要数据、核心数据等保护客体；进而根据数据形态演化逻辑，从数据治理对象与车联网数据治理对象的同构与异构界分中，通过法律概念和话语体系的对接实现车联网数据在相关法律制度的落地生根，勾勒车联网数据之个人信息保护、数据产权保护、数据安全于一体的综合治理图式。

个人信息维度下的源头治理。车联网个人信息客体包括车辆和用户个人识别信息，驾乘人员在行车过程中产生的直接或关联个人数据，交通参与者人脸、行程轨迹等信息等，单车的纯粹功能性车联网数据以及私密信息排除在个人信息权利客体之外。具体可包括个人敏感信息（身份证明、生理标识等）、个人重要信息（驾驶与行车服务安全信息、日志、车辆基本资料等）和个人一般信息（业务订购、订阅信息等）等。车联网个人信息获取和利用主体包括国家机构、汽车厂商、零部件和元器件提供商、软件提供商、服务提供商等，车联网个人信息主体除了驾乘人员，还包括其他与本车辆交互的驾驶人、乘车人以及车外人员（行人）等交通参与者。车联网个人信息权利内容，主要指通过对车联网个人信息主体赋权，形成以"通知—同意"为中心，涵盖知情同意权、查阅权和复制权、撤销权和删除权等权能的个人信息权利保护体系，并在此基础上对车联网个人信息权利加以必要限制。

数据产权维度下的产权治理。车联网数据的可产权化对象应将属于人格范畴之隐私权和个人信息保护权保护对象的个人信息、私密信息等排除在外。对于个人信息、私密信息之外的车联网数据，可统称为车联网企业数据。若按照聚合和加工程度划分，车联网企业数据可区分为原生数据和衍生数据；若按照数据智能生成程度，车联网企业数据亦可划分为一般数据（原生数据和衍生数据）和智能数据。简言之，车联网数据的财产保护对象是车联网数据中剔除个人信息的企业数据，进而对原生数据和衍生数据在内的企业数据进行财产性赋权与保护的制度设计。低级智能图式下车联网原生数据和衍生数据侧重于关注车联网企业数据能否构成物、作品、商业秘密、专营资产、竞争利益等，进而在现有制度中得以有效保护。强智能图景下车联网智能数据侧重于关注财产性质、权利归属、权利限制等问题。车联网原生数据和衍生数据具有不同的保护路径，纳入统一的企业数据权体系之中可能会造成权利体系的混乱。对于车联网原生数据，以场景保护模式为主；车联网衍生数据应采取衍生数据权专门保护模式；车联网智能数据由于没有改变数据的本质形态，没有单独加以财产定性的必要，可参照个人信息、原生数据、衍生数据的保护模式进行。

数据安全维度下的跨境治理。车联网数据共存于个人信息维度、数据财产维度、数据安全维度等不同形态时，必须兼顾个人信息保护、企业数据保护以及公共利益、国家安全，一般而言，对数据安全维度应予以优先于个人信息维度、数据产权维度加以评价和考量。数据安全维度下的车联网数据法律治理，在数据流通状态上包括境内数据和跨境数据，在数据类型上包括重要数据（含个人信息）和核心数据，其中符合定性和定量要求的个人信息属于重要数据的范畴。由于车联网领域跨境数据的治理问题更加突出，重要数据（含个人信息）和核心数据的跨境治理问题便是车联网数据安全维度之下的重要主题。通过对比不同国家和地区对数据跨境监管秉持的不同理念及具体做法，我国应加强车联网数据安全立法，完善数据企业资格准入、境内储存、数据跨境负面清单、跨境流通审批等规则，形成车联网重要数据重点治理、核心数据严格治理、个人信息精准治理的数据安全监管模式。同时，应综合运用多边协议或双边协议等多种方式，在不同国家或地区之间寻找车联网数据跨境监管的共识点，妥善处理车联网数据跨境监管水平和尺度不一的问题，确保车联网数据跨境监管的效果，深度参与车联网数据全球治理，切身维护国家安全、公共利益或者个人、组织等合法权益。

体系构造下的综合治理。个人信息、数据产权、数据安全等不同治理维度下的制度在自成体系的同时，亦须保持良好互动。通过对车联网个人信息制度、车联网企业数据产权制度、车联网数据跨境监管制度的融合，凝练出集治理原则、治理框架、治理对象、治理方式等于一体的车联网数据综合治理范式，确保治理对象分门别类、治理框架规范有序、治理主体协同参与、治理方式多元互补，以期形成价值融贯、内容自洽、结构严谨、层次分明、相互衔接的车联网数据法律治理体系，为我国车联网产业持续健康发展提供坚实的法治保障。

车联网数据与车联网技术同出一脉、相伴而生，信息革命风起云涌、变化莫测，车联网数据法律治理体系建设应以"面向未来、走向未来、引领未来"的思维，保持对未来不确定性发展的适应性，不断拓展深化个人信息保护、数据安全、App管理、跨境数据流动监管、网络安全、自动驾驶安全等车联网数据关联法律主题，保持车联网法律治理体系的张力，为丰富数据治理体系、推动国家治理体系和治理能力现代化作出贡献，护航车联网产业高质量发展。

目　录

第一章　车联网数据的现实意涵与治理坐标 …………………… 1
　第一节　车联网技术解构 ………………………………………… 1
　　一、车联网体系架构之"感知层" ……………………………… 2
　　二、车联网体系架构之"网络层" ……………………………… 3
　　三、车联网体系架构之"应用层" ……………………………… 6
　第二节　从客观事实到法律事实——车联网数据法律界定 …… 7
　　一、车联网事实数据的概念界定 ……………………………… 8
　　二、车联网事实数据的生成机理 ……………………………… 10
　　三、车联网事实数据类型化分析 ……………………………… 16
　　四、车联网数据之从"作为事实的数据"到"法律保护客体" …… 20
　第三节　车联网数据治理困境 …………………………………… 26
　　一、法律治理对象模糊——事实数据向法律数据匹配障碍 …… 26
　　二、法律治理框架松散——车联网数据法律治理专门立法实践
　　　　滞后 …………………………………………………………… 28
　　三、法律治理范式不足——车联网数据治理范式未自成体系 …… 30

四、法律治理方法缺失——技术治理与法律治理二元共治融合
不够 ………………………………………………………………… 32

第二章　车联网数据源头治理之"个人信息论" …………………… 36
第一节　车联网个人信息权利客体 …………………………………… 36
一、车联网个人信息事实形态 ……………………………………… 37
二、车联网个人信息的客体界定 …………………………………… 38
三、车联网个人信息不同存在状态及区分意义 …………………… 41
第二节　车联网个人信息权利归属 …………………………………… 44
一、车联网个人信息拥有主体 ……………………………………… 44
二、车联网个人信息采集主体 ……………………………………… 46
三、不同车联网个人信息主体的权利协调 ………………………… 47
第三节　车联网个人信息权的权利内容 ……………………………… 49
一、知情同意权 ……………………………………………………… 49
二、查阅权、复制权 ………………………………………………… 55
三、撤销权、删除权 ………………………………………………… 57
四、车联网个人信息权的限制 ……………………………………… 58

第三章　车联网数据产权治理之"数据产权论" …………………… 64
第一节　车联网可产权化数据分层界定 ……………………………… 65
一、"原生数据"之车联网数据的规模化集合 …………………… 66
二、"衍生数据"之车联网数据产品 ……………………………… 68
三、"智能数据"之车联网智能生成物 …………………………… 69
第二节　低级智能图式下车联网企业数据的产权化 ………………… 70
一、车联网企业数据的法律定性争论 ……………………………… 71
二、车联网企业数据法律保护模式诘问及评价 …………………… 77

  三、车联网企业数据的权利保护路径 …………………… 81
 第三节　强智能图景下车联网智能数据财产定性与权利归属 ………86
  一、车联网智能数据财产属性定位 …………………… 87
  二、车联网智能数据的权利归属 ……………………… 89
  三、车联网智能数据的权利保护及限制 ……………… 90

第四章　车联网数据跨境治理之"数据安全论" ………93
 第一节　数据主权主张下车联网数据跨境治理政策动态 ………94
  一、数据跨境流动中的数据主权考量 ………………… 94
  二、数据跨境的主权利益冲突 ………………………… 98
  三、数据主权下车联网数据跨境治理的必要性分析 …… 100
 第二节　数据安全语境下车联网数据保护客体形态 ………102
  一、数据分类分级的基础概念："重要数据" ………… 103
  二、独立于重要数据的"核心数据" ………………… 105
  三、重要数据范畴下定量"个人信息"和定性"个人信息" …… 106
 第三节　车联网跨境数据的分类分级治理思路 ………108
  一、车联网跨境重要数据的重点治理 ………………… 108
  二、车联网跨境核心数据的严格治理 ………………… 114
  三、车联网跨境个人信息的精准治理 ………………… 115

第五章　车联网数据规则治理之"体系构造论" ………136
 第一节　车联网数据法律治理原则 ………136
  一、公权与私权协调保护原则 ………………………… 137
  二、安全与效率兼顾原则 ……………………………… 138
  三、数据保护与数据共享相平衡原则 ………………… 140
 第二节　车联网数据法律治理理据 ………143

一、哈丁"公地悲剧"理论对车联网数据赋权的检视 …………… 143
　　二、霍菲尔德"权利分析"理论对车联网数据治理的启示 …… 148
　　三、"卡-梅框架"财产-责任规则下车联网数据权利配置
　　　　方式 ………………………………………………………… 151
　　四、"诺兰模型"对数据未来治理的启示 ……………………… 154
　第三节　车联网数据法律治理框架 ……………………………… 156
　　一、协同治理的法律治理模式 …………………………………… 156
　　二、多元参与的法律治理主体 …………………………………… 158
　　三、多维分层的法律治理对象 …………………………………… 161
　　四、二元共治的法律治理方式 …………………………………… 162
　第四节　车联网数据法律治理的制度安排 ……………………… 164
　　一、车联网个人信息保护制度 …………………………………… 165
　　二、车联网数据产权保护制度 …………………………………… 171
　　三、车联网数据跨境监管制度 …………………………………… 176
　　四、车联网数据协调保护制度 …………………………………… 183

结　语 ………………………………………………………………… 185

参考文献 ……………………………………………………………… 188

后　记 ………………………………………………………………… 203

第一章

车联网数据的现实意涵与治理坐标

随着信息技术的飞速发展,智能网联汽车俨然成为一种重要的移动终端和基本信息单元,并在不同应用场景下生成车联网数据。从某种意义上来讲,以电脑(PC端)组成的互联网,以手机为代表形成的移动互联网,以车与车、车与人、车与路以及车与城市等组成的车联网一道共同构成了与人们生活联系紧密的三大信息网络体系。

第一节 车联网技术解构

车联网主要从物联网发展中延伸而来,是在无线蜂窝广域通信网络的基础上,配合车载终端、路侧通信单元及交通智能设施,实现车与车、车与人、车与路以及车与城市基础设施之间的实时信息共享,形成集智能交通管理、动态信息服务、车辆智能化控制于一体的综合调控系统(见图1-1)。在技术构造上,车联网体系架构主要由感知层、网络层、应用层三大部分构成。

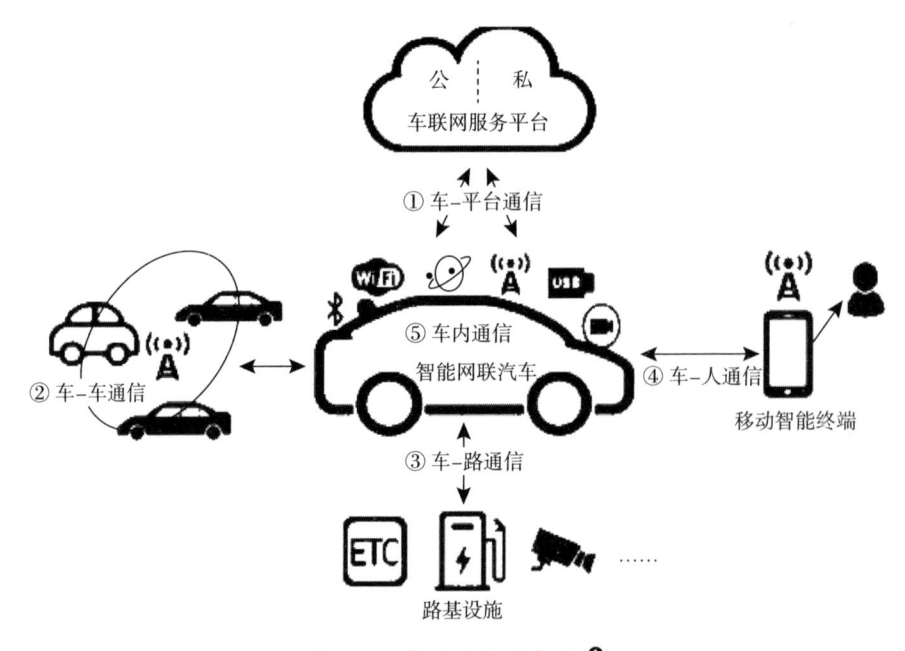

图 1-1　车联网体系架构❶

一、车联网体系架构之"感知层"

感知层主要由传感器（车载传感器、路侧传感器）、传感器网络以及传感器网关组成。车联网系统通过传感器、射频识别技术（Radio Frequency Identification，RFID）、车辆定位等技术，获取车辆位置、道路环境、车辆行驶状况等车辆自身和道路交通信息，为车联网提供基础数据信息。❷ 也有学者认为，车联网系统是通过RFID、全球定位系统（Global Positioning System，GPS）、传感器、摄像头等装置，采集车辆自身状态和

---

❶ 参见《车联网无线通信安全技术指南》（YDT 3750-2020）。
❷ 朱雯娟.车联网技术的发展和前景［J］.电子质量，2020（11）：106.

周围环境信息。❶ 具言之，车联网感知层主要通过雷达（激光、毫米波、超声波）、红外夜视系统、速度和加速度等不同类型的传感器来获取图像、距离、速度等信息，即在汽车电子控制器单元中布设传感器，并通过汽车总线（CAN总线）采集、处理车辆状态数据及车辆运行数据。此外，还可利用无线定位技术、车载信息服务、RFID等技术来实时感知车辆以及周围环境中的信息，如智慧驾驶辅助系统、车辆位置感知、车与物的感知、道路环境感知以及控制系统感知等。❷ 由此可知，车联网感知层属于车联网系统的神经末梢，是车联网数据的原始来源。车联网发展大致可划分为"车内网（功能性车载信息服务阶段）→车载移动互联网（智能网联服务阶段）→车际网（智慧出行阶段）"三个阶段，不同的发展阶段汽车的感知能力和数据采集水平存在较大区别，但车内网、车载移动互联网、车际网等可在同一时空并存，并在交汇中生成大量的车联网数据。随着诸如自动驾驶等车联网前沿技术的不断发展，对汽车多目标检测、跟踪和辨别等精确感知提出更高要求，将不同传感器数据系统收集并融合处理甚有必要，单一传感器向多传感器系统演变趋势明显，进而生成更为丰富的车联网数据。

二、车联网体系架构之"网络层"

车联网网络层的重要任务便是整合、分析、传输、处理感知层的数据。"云－管－端"是车联网的整体通信网络架构（见图1-2）。简言之，

---

❶ 宿峰荣，管继富，张天一，等.车联网关键技术及发展趋势［J］.信息技术与信息化，2017（4）：43-46；张继文，张海涛.车联网关键技术与应用［J］.电子技术与软件工程，2017（7）：257.

❷ 刘宴兵，王宇航，常光辉.车联网安全模型及关键技术［J］.西华师范大学学报（自然科学版），2016（1）：44-50.

"云"是指云服务,将收集的巨量数据通过中央服务器予以存储和智能处理,并据此完成具体功能性操作。"端"是指智能终端,包括汽车、手机和路侧通信单元等执行云端指令的各种交通参与实体。有研究认为,车联网访问终端主要包括汽车本身、专用车载终端和智能手机三大类型。❶ 一般而言,用户(车主)的接触点包括车载屏幕、手机、电脑等。"管"则是

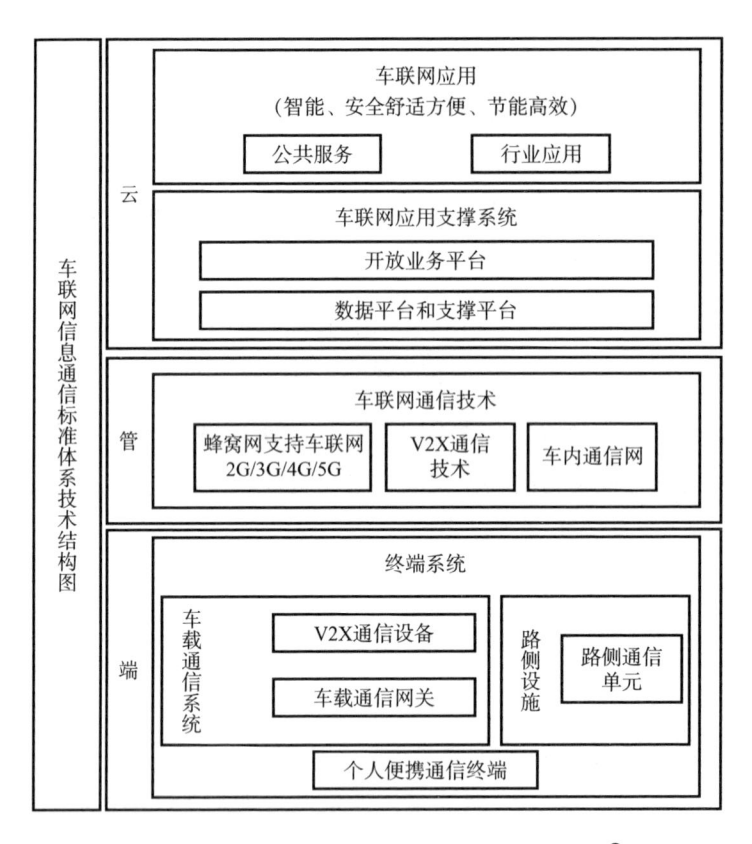

图 1-2 车联网"云-管-端"技术结构 ❷

---

❶ 王强. 车联网的三个"终端"[J]. IT 经理世界,2012(16):50.
❷ 参见《国家车联网产业标准体系建设指南(信息通信)》。

"云"和"端"之间的纽带或桥梁,通过包括上行、下行、直通在内的通信管道,使各种交通实体得以互联互通。如目前车联网无线通信主要包括车内通信、车外通信(车与外部网络通信)、车际通信(车与车无线通信)、车路通信(车与外部设施无线通信)等,这些便体现出不同的管道设置。不同通信方式所涉技术颇具差异,如车际通信主要运用专用短程通信技术(DSRC)进行无线通信。

车联网是一种泛化概念,不应被简单地理解为智能网联汽车与互联网的连接,局域网、广域网、无线网等并非定义车联网的唯一标准,如车内局域网亦属车联网的范畴。V2X(Vehicle-to-Everything)意指以汽车为中心所连接到的所有事物,"X"可包括车、行人、交通基础设施、网络、电网、家等集合,进而催生出 V2V、V2P、V2I、V2N、V2G、V2H❶等多种连接场景。不同的连接场景所使用的通信技术和技术路径具有一定差异。RFID 射频识别技术、传感技术、无线通信技术以及云计算技术均属于车联网建设中的关键技术。❷V2X 技术是车联网关键核心技术,当前全球关于 V2X 通信的主流技术包括专用短程通信(Dedicated Short Range Communications,DSRC)技术和基于蜂窝移动通信系统的 C-V2X(Cellular Vehicle to Everything)技术(包括 LTE-V2X 和 5G-V2X)。❸综合来看,车联网网络层主要包括车内总线通信、车联网的蜂窝移动通信(4G/5G)、卫星通信、导航与定位等,如 LTE-V2X 通信、5G-V2X 通信、无线射频识

---

❶ "车-车"(Vehicle-to-Vehicle,V2V)、"车-人"(Vehicle-to-Pedestrian,V2P)、"车-路"(Vehicle-to-Infrastructure,V2I)、"车-平台"(Vehicle-to-Network,V2N)、"车-电网"(Vehicle-to-Grid,V2G)、"车-家"(Vehicle-to-Home,V2H)。

❷ 朱雯娟.车联网技术的发展和前景[J].电子质量,2020(11):106.

❸ 根据中国信息通信研究院 2019 年发布的车联网白皮书(C-V2X 分册),蜂窝车联网(Cellular-V2X,C-V2X)技术主要指基于 3GPP 全球统一标准的车联网无线通信技术(Vehicle-to-Everything,V2X),包括基于 LTE 移动通信技术演进形成的 LTE-VZX/LTE-eV2X 技术以及基于 5G NR 平滑演进形成的 NR-V2X 技术。

别、车内无线局域网、BLE、Zigbee 等。

三、车联网体系架构之"应用层"

车联网应用层主要是通过人机交互来获取交通、道路和位置等信息，实现车辆管理、车辆监管、车辆服务等功能。在车联网发展初期阶段，其应用主要为通过 GPS 进行定位导航。现阶段，车载自动诊断系统、远程信息处理控制、低速无人驾驶等应用场景不断丰富。数据作为智能网联汽车产业发展的核心要素，其在产品研发、车辆控制、仿真模拟、测试验证、第三方服务等领域发挥着巨大作用。❶ 在汽车电气化、智能化、互联化、自动化背景下，车联网的网络体系和协议模型不断优化，网络兼容能力不断增强，车路协同、编队行驶、远程驾驶、无人驾驶等功能得以不断拓展。于用户而言，可借助厂商自主研发的车载终端以及第三方、云平台企业提供的车联网解决方案，满足导航定位、紧急呼叫以及车辆诊断、监控、控制、娱乐、安防、服务等功能。于政府而言，可利用车联网体系，实现交通管理、交通控制等，推动智慧交通和智慧城市建设。于汽车生产商及相关平台服务商而言，可利用车联网拓展业务功能。如汽车的制造离不开前期的市场调研，某种车型研发或上市之前依赖于用户出行习惯、行驶里程、汽车使用强度等资料支撑，并据此设定受市场欢迎的车辆配置、参数。由于不同品牌或型号车辆的设计架构和 CAN 总线架构颇具差异，大部分汽车生产商都会单独设立由自身主导的技术网络中心来控制 CAN 总线数据。如此一来，汽车制造商便会利用便利优势，获取车辆状态和运行数据，从而为改良车辆设计和改进车辆生产提供便利。又如在汽车保险

---

❶ 李克强，戴一凡，李升波，等.智能网联汽车（ICV）技术的发展现状及趋势［J］.汽车安全与节能学报，2017（1）：1-14.

等行业，可通过对车主驾驶习惯、车辆事故等数据的采集和分析，进行保险定价等。一般而言，车险价格与该车辆上一年度出险的数次及金额呈现正相关的关系。保险公司可通过 GPS 跟踪监控设备、车载自动诊断系统、App（如高德地图使用数据）等获取里程数、车速、加速情况和位置等数据，通过数据分析评估驾驶习惯、驾驶环境、车辆状态，并据此作为确定保险费率的重要依据。此外，通过车联网数据进行汽车精准营销、合理布局维修网点、布局充电设备网点等亦已然成为常态。

第二节　从客观事实到法律事实——车联网数据法律界定

法律事实并非单纯的生活事实，而是被法律规范作出一定评价的事实。❶法律事实具有司法实践法律事实和法律中之法律事实之分，其中后者系体现于法条之中，并反映同类事物共性特征的法律事实。❷从立法的视角观之，法律事实亦可称为制度事实，是立法者对认为需要由法律调整的生活经验事实所作的归纳与描述，乃至预测。❸法律并不规范所有的客观事实，事实问题向法律问题转换的前提便是某一客观事实是否和法律预设的事实模型相适配。法律事实包括事件和行为，体现为法律规范中的行为模式或假定条件，一旦客观事实触发法律规范中的行为模式或假定条件，便产生、变更或消灭相应的法律关系，行为模式或假定条件的指向对象涵摄物、人身、精神产品、行为结果等，亦称为法律关系的客体。有学

---

❶ 王勇飞.法学基础理论参考资料［M］.北京：北京大学出版社，1985：1295.
❷ 陈金钊.论法律事实［J］.法学家，2000（2）：51-58.
❸ 杨建军.法律事实的概念［J］.法律科学，2004（6）：45.

者认为,法律上设定的客观事物,仅是一种模式,一种可供选择的范围,不一定是具体的法律关系客体,具体法律关系中的客体还必须是能够体现主体权利义务内容的客观事物。❶从客观事实到法律事实,体现了立法者对某种事物的法律评价和价值取向,进而确立了某一事物法律关系客体地位。车联网事实数据若为法律所规范或调整必须使其成为法律规范逻辑结构中假定的对象,即法律事实指向的对象,进而成为抽象法律关系的客体和具体权利义务关系指向对象,成为法律关系的客体。

一、车联网事实数据的概念界定

车联网数据界定的基本前提便是对汽车本身加以确定。根据国家标准《汽车和挂车类型的术语和定义》(GB/T 3730.1—2001),将汽车定义为由动力驱动,具有四个或四个以上车轮的非轨道承载的车辆,包括乘用车(普通、高级、活顶、小型、敞篷、仓背、旅行、越野等)、商用车辆(客车、旅游客车、小型客车、长途客车、货车、普通货车等)。《汽车采集数据处理安全指南》将汽车定义为由动力驱动、用于载运人员货物的非轨道承载的车辆,并未提及智能网联汽车。正在预研中的国家标准《智能网联汽车术语和定义(征求意见稿)》将智能网联汽车定义为利用车载传感器、控制器、执行器、通信装置等,实现环境感知、自动化决策、协同控制、信息交互等诸多功能的汽车总称,其虽未对智能网联汽车加以分类,但对智能汽车和网联汽车作了区分。《智能汽车创新发展战略》将智能汽车定义为:"通过搭载先进传感器等装置,运用人工智能等新技术,具有自动驾驶功能,逐步成为智能移动空间和应用终端的新一代汽车。智能汽车通

---

❶ 孙春伟.法律关系客体新论[J].上海师范大学学报(哲学社会科学版),2005(6):55-59.

常又称为智能网联汽车、自动驾驶汽车等。"《汽车数据安全管理若干规定（试行）》未对汽车（含智能网联汽车）加以界定和分类。根据《国家车联网产业标准体系建设指南（智能网联汽车）》，依据车辆和驾驶员在车辆控制方面的作用和职责，可将智能网联汽车区分为"辅助控制类"和"自动控制类"，前者可分为驾驶辅助（DA）和部分自动驾驶（PA）；后者可分为有条件自动驾驶（CA）、高度自动驾驶（HA）和完全自动驾驶（FA）。具体来讲，根据美国汽车工程师学会（SAE）发布的《道路机动车辆驾驶自动化系统相关术语的分类和定义》❶和我国工信部的《汽车驾驶自动化分级》（GB/T 40429—2021）最新分级标准，在L0~L5六个汽车驾驶自动化等级中，L1/L2被划为辅助驾驶，L3/L4/L5才是自动驾驶。据工信部统计，2020年我国L2级智能网联乘用车的市场渗透率达到15%，L3级自动驾驶车型在特定场景下开展测试验证。❷

综合来看，智能网联汽车包含自动驾驶汽车，就二者关系而言，虽然智能网联汽车并不必然发展成为自动驾驶汽车，但自动（无人）驾驶汽车是智能汽车发展的最高阶段，智能网联是自动驾驶汽车的必备功能。在车联网语境下，并无必要刻意区分智能网联汽车的具体类型以及智能网联汽车与自动驾驶汽车，这主要缘于无论何种智能网联汽车，所生成的数据在法律评价上都具有同质性。本书车联网数据治理语境下的汽车适用于不同类型的智能网联汽车，仅在特定情形下会对智能网联汽车与自动驾驶汽车加以必要区分。

---

❶ Society of Automotive Engineers. Taxonomy and Definitions for Terms Related to Driving Automation Systems for On-Road Motor Vehicles［EB/OL］.［2021-10-24］. https://saemobilus.sae.org/content/J3016_201806/.

❷ 周頔，崔珠珠. 工信部：去年我国L2级智能网联乘用车市场渗透率达15%［EB/OL］.（2021-04-20）［2021-10-24］.https://www.thepaper.cn/newsDetail_forward_12293974.

车联网数据是一个集合概念，具有多种表现形态。当前，学理上对数据与信息之间的区分并未达成共识，有学者认为，"数据并不等同于信息，数据是信息的基础与前提，信息是数据整合和提炼的结果，信息是数据的内容，数据是信息的形式"❶。一般而言，"数据"概念更多关注形式层面，而"信息"概念更多关注内容层面。本书语境下，车联网数据概念侧重于广义概念上的使用，即包括形式和内容层面。车联网数据的类型化分析，一则需要根据车联网数据的形成机理厘清车联网的事实数据；二则需要对车联网数据的事实分类进行法律意义的分析，进而明确车联网数据的法律治理对象。车联网借助现代无线通信技术，依照一定的通信协议和数据交互标准，实现车与X（如车与车、车与人、车与路、车与服务平台等）之间信息交互。汽车及其相关元件作为重要的移动终端设备，在车辆运行过程中将会产生巨量的数据。如前所述，车联网的架构可分为三个层次：数据采集的感知层通过诸如各类传感器和终端完成车辆行驶数据、状态数据及周围环境信息的采集，在数据预处理后传输给网络层；网络层以服务器为中心实现车联网系统内各个节点的信息交互，应用层借助应用程序和人机交互实现数据的应用。❷

二、车联网事实数据的生成机理

车联网主要由车内网、车际网和车载移动互联网等网络体系构成，虽然车联网信息主要是由 GPS、RFID、传感器、摄像头图像处理等装置采集而来，但不同信息网络体系下的采集方式有较大区别。车内网主要基于传

---

❶ 周秀娟，陈斐. 数据新型财产权的构建路径研究［J］. 电子科技大学学报（社科版），2020（3）：2.

❷ 张进，等. 车联网关键技术及应用研究［J］. 汽车实用技术，2021（13）：24.

感器技术采集车辆状态、性能、安全等运行数据。车内网数据作为车联网的基础数据，由各类前后装零部件之车联网服务商的数据采集、存储硬件设备借助控制器局域网络、局域互联网络，完成数据的交流。控制器局域网络数据主要指由汽车总线（CAN 总线）所连接的遍布传感器的电子控制器单元所采集的车辆状态及车辆运行原始数据。局域互联网络数据主要指 OBD 系统通过接口进入 CAN 总线节点中的 ECU 进行检测时所获得的数据、T-BOX 系统读取汽车 CAN 总线数据进行远程控制所获得的数据；以及基于射频识别技术（RFID）通过阅读器电子识别装载在车辆上的电子标所获取的车辆行驶属性和车辆运行状态的数据。OBD、T-BOX、RFID 等虽都可联网，但其更多以车内沟通为要旨，故并未能突破车内网的范畴。

车际网主要基于红外感应传输和 GPS 信号传输等技术实现车车之间的车辆防撞、车辆跟随、行驶偏移纠正，乃至编组、互动等功能。

车载移动互联网主要借助 Wi-Fi、5G（如 NR-V2X 技术）等无线通信技术，依托车内触屏智能系统和 App 以及车联网平台等实现车与人、车与车、车与服务的互联互通。车内网、车际网和车载移动互联网之间既是技术迭代的网络升级，亦属车联网体系中相对独立的构成部分，还须促使三者协调发展、增进合作，以丰富车间通信架构的技术内涵、提升智能网联汽车的驾乘体验。有学者提出，通过 GPS、RFID、传感器、摄像头等装置，汽车可完成自身状态和周围环境的采集；通过车联网技术，不同车联网数据得以汇集并形成车联网大数据，并据此进行行程最佳路线、信号安排设计等智慧交通等多种应用场景。❶ 总体观之，车内网是车联网数据采集的原始终端，车际网是车辆自适应智能终端，车载互联网则是车联网数据的深度应用终端。现将车联网数据生成、采集等过程中的 ECU 及 CAN

---

❶ 魏星，卫研研. 车联网的概念和发展［J］. 中国科技术语，2014（5）：14.

总线、OBD 系统、T-BOX 系统、射频识别技术（RFID）等重要概念加以阐释。

（一）ECU 及 CAN 总线

传感器是车联网数据采集的基础支撑技术。就传感器技术在车联网领域应用而言，传感器一般装置在车辆的启动器、发动机、底盘、变速箱等之中，车联网系统依靠安装于此的传感器获取车辆胎压、车速、加速度以及有关车辆当前的状态、性能、安全等相关数据，然后通过处理将其转为功能性数据。❶ 车辆传感器类型主要包括汽车运行监测传感器、安全系统传感器、超声波传感器、图像传感器、雷达传感器、LIDAR（光探测及测距）传感器等。汽车传感器广泛运用于车辆温度、压力、流量、距离、位置、气体浓度、干湿度、速度等方面。一辆汽车中通常存在几十个或者上百个汽车电子控制器单元（Electronic Control Unit，ECU），ECU 的主要功能是对汽车各类传感器输入的信息加以运算、处理、判断，进而输出相应的指令。单片机是 ECU 的重要组成部分，单片机的存储器分为程序存储器（ROM）和临时存储器（RAM），ROM 属于原装、预定程序，可实时、自动对传感器的输入信号予以对比并加以处理；RAM 属于车辆数据的临时存储器，主要用于存储汽车运行中各种变量和传感器参数、车辆运行中产生的故障码、自适应学习值等。基于容量固定限制，RAM 是一种循环式的存储器，新的数据会自动更新旧的数据。RAM 的存在，使得通过汽车总线可获得车辆状态和车辆运行数据。可见，存在于汽车系统内部的不同类型 ECU 通过诸如 CAN 总线等网络实现相互间的通信。❷

---

❶ 王冬，张菲菲.车联网系统关键技术剖析［J］.物联网技术，2014（3）：82.
❷ 周媛媛.车联网信息安全测试技术分析及应用［J］.北京汽车，2020（2）：24.

汽车总线类似于的人的神经网络，智能汽车主要通过总线来接收、传递各传感器所接收到的信息。当前，汽车总线有"局部互联协议"（Local Interconnect Network，LIN）和"控制器局域网"（Controller Area Network，CAN），其中 CAN 总线占据主导地位。纵然不同品牌或型号车辆的设计架构和总线协议颇具差异，但基本原理大多是 ECU 对传感器采集的数据予以处理后，通过总线实现交互，进而实现汽车各系统控制的自动化和智能化。由此可见，在 CAN 总线架构下，每个传感器相当于一个 CAN 节点，可充分了解每个车辆的发动机、油耗、传动、制动、储能、灯光、车门、电气、里程、速度、定位等基本运行数据。

从本质上来看，CAN 总线架构下所产生的数据具有一定程度的封闭性，汽车厂商并不会径直向互联网企业开放 CAN 总线接口，而是会单独设立由自身主导的技术网络中心来控制 CAN 总线数据。如今，车联网系统中具有利用价值的数据不再仅限于总线数据，由各种车载传感器采集的驾驶环境数据、路边基础设施传感器采集的交通和道路数据，以及其他环境数据（如天气、广域交通状况等），也正在车联网中扮演愈发重要的角色，车联网数据的获取渠道不断得以拓展。

（二）OBD 系统

OBD 系统（On Board Diagnostics）亦称"车载自动诊断系统"，属于后装产品，由汽车零部件供应商开发后销售给汽车车主，并通过预留 OBD 接口装置于车中用以监控车辆运行状态和回报异常的系统。OBD 系统主要由软件和硬件两大部分构成，软件主要包括故障代码和标定，硬件主要包括各传感器、电子控制单元（ECU）、OBD 连接器插口、故障指示灯、执行器线路与发动机废气控制相关的子系统等。OBD 系统是检测汽车相关系统运行参数并读取数据的产品，其基本工作原理是依据尾气排放是否超标，对照汽车标准状态的参数或信息，对诸如发动机、催化转化器、颗粒捕集器、氧传感器、排放控制系统、燃油系统、EGR 等尾气净化部件，以及影响尾气排放的部件和程序加以检（监）测。一旦超标，除了故障灯（MIL）或检查发动机（Check Engine）警告灯提示外，相应故障信息亦存入存储器，方便读取。换言之，汽车检测既可通过汽车仪表盘或相关车载终端加以显示，亦可与专门的汽车诊断仪连接后读取相关数据。

通过 OBD 可实现故障检测、驾驶分析、启动提醒、电压提醒、油耗分析、震动报警等功能。ECU，即"行车电脑"，具备检测分析与排除相关故障功能，记录故障信息和相关代码。CAN 架构下的 OBD 可直接连接至 CAN 总线网关上，CAN 总线作为 ECU 之间的数据通道，从而实现 OBD 与 ECU 的连接，进而获取汽车相关检测数据。从该种意义上来讲，OBD 系统主要检测汽车 CAN 总线数据的状态。值得注意的是，通过 OBD 接口除了可读取故障码之外，还可从汽车 CAN 总线上读取其他所需数据。OBD 系统虽然在车辆监控和检测方面具有较强的应用价值，然而，受制于原汽车厂商自定义故障码信息、加密算法认证、原车 CAN 总线私有协议等因素制约，OBD 系统仅能获得有限的车辆数据。此外，OBD 接口是车联网数据获取的重要途径但并非唯一途径，如针对车辆的位置信息和里程数据，除了 OBD 接口之外，还可通过 GPS 系统获得。

传统的 OBD 系统并不具备联网功能，但随着 USB、RS-232、蓝牙、Wi-Fi、UART 等技术的发展，可将 ECU 模块中的相关数据传送至手机或 PC 等终端上，如 SIM 式的 OBD 数据传送路径是"OBD→云端→移动端"，蓝牙式的 OBD 数据传送路径则为"OBD→移动端→云端"。在监控车辆信息之外，OBD 功能还可延伸至驾驶习惯监控分析、故障诊断、提供精准油耗、记录地图轨迹、故障救援、违章查询等远程控制方面，如可通过无线蜂窝通信将车辆故障码发送至管理部门，管理部门再将维修建议发送至车主。

（三）T-BOX 系统

T-BOX（Telematics BOX）亦称车载 T-BOX，属于远程信息处理控制单元。T-BOX 控制原理与 OBD 系统类似，通过接口接入 CAN 总线，再通过 CAN 网络进行数据采集。但较之 OBD 系统，T-BOX 系统具有以下三个特点。其一，较之 OBD 系统，T-BOX 系统属于整车生产厂商而非汽车零部件供应商主导开发的前装产品，并作为无线网关为整车提供远程通信接口。所以，T-BOX 系统可深度读取汽车 CAN 总线数据和私有协议，更好做到与汽车 ECU 的连接，进而实现车载设备的远程控制。其二，OBD 系统更多具有监控提醒等被动型功能，而 T-BOX 系统除了被动监测功能之外，还可实现远程控制车辆（车门解闭锁、车窗控制、天窗控制、空调控制、车辆启动等）、获取车辆信息（车门状态、车窗状态、车灯状态、胎压状态、车辆故障信息与车辆定位等）、安防服务、远程诊断与刷新、蓝牙钥匙服务等主动性服务。其三，OBD 系统数据获取主要是将 OBD 设备插入预留 OBD 接口加以实现，而 T-BOX 系统则只需要车主将厂商发布的 App 安装在手机等移动终端设备中，便可与车载 T-BOX 加以联网。T-BOX 基本工作原理是，车主借助手机 App 向汽车远程服务提供商（Telematics Service Provider，TSP）发送控制命令，TSP 进而再向车载 T-BOX 发出控制命令，车载 T-BOX 通过 CAN 总线发送控制报文，在实现对车辆控制的同时，并将操作结果反馈至车主手机 App。

（四）射频识别技术（RFID）

RFID 作为车联网关键技术之一，是一种非接触式的自动识别技术。RFID 系统主要由电子标签（Tag）、阅读器（Reader）和介于阅读器与企业应用之间的中间件（Middleware）❶、天线（Antenna）等部分构成。RFID 的工作原理在于阅读器与标签之间进行非接触式的数据通信，其基本工作原理为，阅读器借助收发天线在特定区域内发送射频信号给电子标签，利用电磁波实现电子标签的读写与通信，电子标签凭借感应电流（微波信号或电磁感应线圈）所获得的能量通过收发天线反馈发送存储在芯片中的信息或根据阅读器的指令修改存储在电子标签中的数据。阅读器与电子标签交互所获得的存储数据，可通过阅读器的外设接口，实现与互联网网络的通信。传感器技术可对感知到的事物予以处理，而 RFID 仅仅具有识别能力，即读或读/写功能，而无处理能力。传感器网络中的节点数量和分布密度要超过 RFID 系统中标签的数量；传感器节点主要采用广播方式通信；RFID 网络大都采用"一对多"的方式通信，一个阅读器对多个标签。❷

由于 RFID 可快速识别高速运动状态下的物体且可同时识别多个装载在车辆上的电子标签，进而获取车辆的行驶属性和车辆运行状态信息，它在车联网领域广泛运用于交通信息采集（道路拥堵情况、道路平均车速、机动车流量）、交通信号控制、综合交通管控（逆行、区间测速、禁行检测、行驶证管理、车辆身份认定、套牌车检测、电子收费）等。

三、车联网事实数据类型化分析

大数据法律属性及分类的界定是大数据法学研究的基础。❸ 当前学理

---

❶ BO F, JIN-TAO L, PING Z, et al. Study of RFID Middleware for Distributed Large-scale Systems [C].International Conference on Information & Communication Technologies：From Theory to Applications, 2006：2754-2759.

❷ 丁振华，李锦涛，罗海勇，等.RFID 系统与传感器网络中的数据处理综述[J].计算机应用研究, 2008（3）：661.

❸ 温昱.大数据的法律属性及分类意义[J].甘肃社会科学, 2018（6）：90.

上对车联网数据的分类尚未形成一致意见，大都以车辆、用户、环境等因素为基础来对车联网数据加以类型划分。有学者将车联网数据划分为车主个人信息、车辆环境信息、车辆行驶信息、车主手机信息。❶ 亦有学者将车联网数据界定为智能汽车存储介质中蕴含的车辆基础信息、传感器数据、车辆行驶相关数据、车辆碰撞数据、用户个人数据等车辆行驶数据与外部环境数据。❷ 类似的划分如将车联网数据划分为车辆采集数据（如车辆零部件的运转数据、位置信息、图像数据等车辆内外部技术数据）、交通交互数据（通过与特定平台、基础设施、其他车辆和个人终端等其他通信终端交互获得）、用户数据（用户在使用智能网联汽车时所形成的偏好等具有个体倾向性的数据）。❸ 还有学者结合德国汽车行业协会对车联网数据的分类，将车联网数据划分为"因法律规定而收集的数据、因合同约定而发生的服务数据（如汽车的远程诊断服务、远程定位）、用户自己的或由用户生成的数据（如导航目的地、通信簿数据）、车辆中生成的并展示给司机的数据（如剩余燃油数据、油耗数据）、车辆中生成的总量数据（如平均油耗数据、平均速度数据）、车辆中生成的技术数据（引擎等各种汽车组件的运行数据）"❹ 等几大类型。有学者将车联网数据划分为三类：其一为"社会交通数据"，即汽车外部的交通等环境的数据；其二为"车辆技术数据"，即产生自汽车传感器且用于控制汽车决策和运动的数据；其三为"用户数据"，即用户在使用智能网联汽车时所形成的偏好等具有

---

❶ 赵建国. 特拉斯"偷脸"？智能汽车如何跨越数据安全鸿沟［J］. 中国信用，2021（4）：121-123.

❷ 赵长江，张议芳. 智能汽车取证的法律规制研究［J］. 重庆邮电大学学报（社会科学版），2020（3）：35.

❸ 张浩，陈全思. 我国智能网联汽车数据跨境流动的法律规制［J］. 人工智能，2020（4）：41.

❹ 张韬略，蒋瑶瑶. 智能汽车个人数据保护——欧盟与德国的探索及启示［J］. 德国研究，2019（4）：104.

个体倾向性的数据。❶《国家车联网产业标准体系建设指南（智能网联汽车）》将车联网数据划分为传感探测和决策预警类等"驾驶相关类信息"，以及车载娱乐服务和车载互联网信息服务等"非驾驶相关类信息"。

数据的分类并非孤立存在，需要结合数据的通信方式、数据终端加以综合考量。通信方式主要包括车内通信（IVN）、车－车通信（V2V）/车－路通信（V2I）（4G/5G、LTE-V2X通信、5GV2X、蓝牙、RFID、Wi-Fi、Zigbee）、车－人通信（V2P）（3G/4G/5G、蓝牙、NFC、Wi-Fi等）、车－平台通信（V2N）等。车联网数据终端大致可包括车载通信系统（V2X通信设备）、车载监控终端（如T-BOX）、路侧通信单元（如RFID设备）、个人便携通信终端（如手机、电脑等）、车载计算机（含所连接数码相机、手机、U盘、移动硬盘、摄像机、行车记录仪、PDA、NetMD等数码设备）、连接OBD或CAN总线的专用设备、车联网服务平台等。总体观之，车联网数据主要指车与车、车与人、车与路以及车与城市基础设施之间信息交互过程中，所产生的车辆运行数据、车辆环境数据、车辆个人数据。根据车、人、周围环境、人车交互等之间的关系，车联网数据大致可划分为"个人信息、车况数据、人车交互数据、周围环境感知数据"四大部分（见表1-1）。

---

❶ 潘妍，等.基于区块链技术的智能网联汽车数据跨境安全研究[J].中国汽车，2021（7）：40.

表1–1 车联网数据分类与数据终端 ❶

分类	数据类别	范围示例	通信方式	数据终端
个人信息	身份证明类信息	用户基本资料（姓名、性别、民族等）、用户身份证明（身份证、驾驶证等）、用户生理标识（指纹、声纹、虹膜等）、用户鉴权信息(口令、密码、交易信息等)	车内通信（IVN）、车–车通信（V2V）、车–路通信（V2I）（4G/5G、LTE-V2X通信、5GV2X、蓝牙、RFID、Wi-Fi、Zigbee）、车–人通信（V2P）（3G/4G/5G、蓝牙、NFC、Wi-Fi 等）、车–平台通信（V2N）	车载通信终端（手机、平板电脑等）、车载计算机（含所连接数码相机、手机、U盘、移动硬盘、摄像机、行车记录仪、PDA、NetMD等数码设备）、车载监控终端（T-BOX）、连接OBD或CAN总线的专用设备、车联网服务平台 ❷
	服务类型信息	驾驶及行车安全服务类信息（行经路线、驾驶行为等）、生活服务信息（社交服务、网页浏览、移动办公服务等）、交通出行管理服务、行车营运信息、用户资料信息等		
	其他服务类信息	用户使用服务（服务记录、日志等）、用户车辆基本标识信息、用户设备和平台信息等		
车况数据	性能数据	车辆基础属性数据（品牌、型号、发动机号、标识）、与车辆设计相关的核心数据	车内通信（IVN）、车–车通信（V2V）、车–路通信（V2I）、车–平台通信（V2N）	连接OBD或CAN总线的专用设备、车联网服务平台
	工况数据	运行工况数据（发动机转速、档位、反映品牌车辆的核心属性的动态数据）、静态工况数据（一定期间内平均行驶速度和年行驶里程、反映品牌车辆的核心属性的静态数据等）	车内通信（IVN）即有线通信（CAN总线、LIN、以太网等）、Wi-Fi通信、无线个域通信（蓝牙、RFID、Zigbee）	车载监控终端（T-BOX）、连接OBD或CAN总线的专用设备、车载显示终端（仪表盘）、车联网服务平台

❶ 本表相关内容综合参考《车联网信息服务 用户个人信息保护要求》(YDT 3746–2020)、《车联网信息服务 数据安全技术要求》(YDT 3751–2020)、《国家车联网产业标准体系建设指南（信息通信）》《国家车联网产业标准体系建设指南（电子产品和服务）》《机动车保险车联网数据采集规范》(T/IAC 27–2019)、《车联网无线通信安全技术指南》(YDT 3750–2020)、《车联网（智能网联汽车）网络安全标准体系建设指南（征求意见稿）》等文件而制成。

❷ 车联网云平台、业务应用平台和服务、信息服务平台、远程升级（OTA）服务平台、边缘计算平台、电动汽车远程信息服务与管理等。

续表

分类	数据类别	范围示例	通信方式	数据终端
人车交互数据	车控类数据	智能决策控车数据（提醒指令、确认指令）、远程监控	车内通信（IVN）、车－路通信（V2I）、车－车通信（V2V）、车－人通信（V2P）、车－平台通信（V2N）	车载监控终端（T-BOX）、车载通信终端、车载视频终端（行车记录仪、车载摄像头）、车联网服务平台
	应用服务类型数据	信息娱乐数据（天气预报推送、多媒体下载、广播、音视频记录等）、交通安全管控数据（事故实时提醒、碰撞预警数据等）、车辆后服务市场数据（车载娱乐系统使用行为数据、反映驾驶行为和习惯的数据等）	3G/4G/5G	车载计算机（含所连接的数码相机、手机、游戏手柄、U盘、移动硬盘、摄像机、PDA、NetMD等数码设备）、车联网服务平台
周围环境感知数据	车辆外部环境感知数据	路面情况、交通情况、公共交通和服务设施位置情况，车－车通信场景下临近车辆的物理位置、经纬度、停车信息、出行路线、行驶速度等，车－人通信场景下临近行人的位置数据、行人的行驶速度和运动状态、行人的行驶方向等	车内通信（IVN）、车－路通信（V2I）、车－车通信（V2V）、车－人通信（V2P）、车－平台通信（V2N）	车载通信终端（手机、平板电脑等）、车载监控终端（T-BOX）、车联网服务平台

四、车联网数据之从"作为事实的数据"到"法律保护客体"

承前所述，依据数据产生来源不同，车联网事实数据可划分为个人信息、车况数据、人车交互数据、周围环境感知数据等几种类型。然而，车联网事实数据仅是客观存在的事实或现象，并不能为法律所直接规范。宏观观之，法律并不对所有的利益加以保护，法律保护的利益往往以法益、权利加以呈现，进而构成法律保护客体。微观观之，法律所保护的利益、权利等客体在具体的法律关系中，亦可具体化为物、人格、智力成果、竞争利益等，形成法律关系客体。由是观之，车联网事实数据受到法律保护的前提便是将其纳入法律事实中法律关系主体之权利和义务所指向的对象，即成为某一法律保护的客体。当前，数据成为法律保护客体并不存在太大争议，由于数据并非存在于某一固定的法律关系之中，数据成为何种法律保护的客体存在争议。换言之，车联网数据法律评价前提之一便是将不同类型的车联网数据适配于法律意义的数据类型之中。个人信息保护法的保护客体为具有人格属性的个人信息，财产保护法的保护客体为具有经济价值的物、智力成果、商业秘密、竞争利益等，数据安全法的保护客体为影响数据共享、交易、流通安全的重要数据和核心数据。鉴于车联网数据可适配于个人信息保护法、财产保护法、数据安全法保护客体，穿梭于个人信息保护法律关系、数据财产保护法律关系、数据安全法律关系之中，从个人信息维度、数据财产维度、数据安全维度，可为车联网数据客体地位在现有法律制度体系之中找到立锥之地。

将车联网数据置于个人信息、数据产权、数据安全三个维度研究具有现实的必要性与逻辑的严密性。从顶层设计层面观之，国家纲领性文件《"十四五"数字经济发展规划》强调进行数据确权，数据确权在数据资源创造与利用方面存在明显优势，也会在数据资源利益分配方面发挥积极作用。治理车联网数据实则是通过划定权利边界以平衡该领域内个人、市场、国家之间的利益，即车联网数据治理需要同时兼顾个人信息保护、数字市场发展、捍卫国家安全这三重面向。从立法层面观之，有研究认为，当前数据治理法律体系应将数据保护、数据红利释放、数据共享这三个方面的问题纳入综合考量，即科学地规范数据的保护、流通与利用。❶

---

❶ 金曜.数据治理法律路径的反思与转进［J］.法律科学（西北政法大学学报），2020（2）：80.

在车联网数据全生命周期中,"采集→处理→流通"是数据价值得以显现的主线流程,分别对应个人信息的源头治理、企业数据的产权设置、跨境数据安全监管,其作为该领域现实存在的主要风险源,理应成为车联网数据治理的聚焦点。从行业层面观之,数据法律治理体系的构建思路具有一定的普适性,对车联网这一应用场景中的数据治理体系化具有积极的指导意义。我国汽车行业及车联网技术的特点则决定了在具体规则的设计上应与一般数据存在明显区别。其一,与大部分传统移动数据终端不同的是,在同一时空中智能网联汽车所收集的数据不再仅限于用户数据,还需要采集驾驶员、乘员甚至车外人员的数据,数据主体类型的多样化与复杂化意味着需要对"个人信息权"权能的设置作出细化。其二,汽车的运行关乎相关主体的生命安全。汽车智能化、网联化的初衷是提升驾驶员面对突发交通状况时的反应速度,以此减少甚至消除交通事故。可见,车联网技术尤其强调数据交换的效率,而数据的运行效率与产权设置密切相关,对车联网数据进行产权配置实则是为了捍卫生命安全这一底线。其三,智能网联汽车常被比作可移动的多维度高清摄像头,其能采集到的数据远比一般摄像头丰富,加之,我国在汽车市场发展过程中曾采取"以市场换资金、换技术"的合资路径,致使外商有更多的理由和机会接触相关数据,若不重视车联网数据跨境监管,将会对国家安全埋下重大隐患。

基于个人信息维度、数据产权维度、数据安全维度等不同语境,车联网数据以不同的客体形态表现出来,存在于不同的法律关系之中(见表1-2)。

表1-2 不同维度下车联网数据的客体形态

指向维度	客体形态
个人信息维度	个人信息、敏感个人信息、私密信息
数据产权维度	物、智力成果、商业秘密、竞争利益
数据安全维度	重要数据、核心数据

（一）个人信息维度

个人信息维度之下重点考虑车联网事实数据构成人格法律关系客体的情形。《民法典》《个人信息保护法》等皆对个人信息概念及其保护进行了相关规定，故基于事实形成的车联网个人信息可适配于个人信息权（益）保护框架之下。值得注意的是，未集合的个人信息更多涉及个人信息保护、隐私保护等法律问题，但集合后达到一定数量的个人信息则关涉数据安全问题，使得车联网数据在个人信息维度与数据安全维度之间存在交叉。如《信息安全技术 重要数据识别指南（征求意见稿）》（SAC/TC260）明确指出，重要数据不包括国家秘密和个人信息，但基于海量个人信息形成的统计数据、衍生数据有可能属于重要数据。

个人信息维度下数据的基本概念主要包括个人信息、敏感个人信息、私密信息。虽然《个人信息保护法》和《数据安全法》皆对个人信息保护进行了相关规定，但二者的保护功能具有较大差异。《个人信息保护法》通过对个人信息主体赋权，形成以"通知—同意"为中心的个人信息保护规则。《数据安全法》围绕公权力的介入，构建"风险—安全"的数据安全监管体系。就车联网个人信息保护而言，个人信息维度之下的《个人信息保护法》和数据安全维度之下的《数据安全法》《汽车数据安全管理若干规定（试行）》等虽就个人信息、敏感个人信息的保护进行了规定，但个人信息维度的保护对象为信息主体的个人信息，更多强调车联网数据的私权保护；数据安全维度保护对象为敏感个人信息和重要数据，更多强调车联网数据的公权管理。同时，对于穿梭于个人信息保护对象和隐私权保护对象的私密信息，根据《民法典》隐私权相关规定，优先适用隐私权保护规定。综合观之，个人信息维度之下，车联网数据治理对象主要为个人信息、敏感个人信息、私密信息。

（二）数据产权维度

数据产权维度重点考虑车联网事实数据构成财产法律关系的客体。《民法典》第 127 条规定，"法律对数据、网络虚拟财产的保护有规定的，依照其规定"。《民法典》将数据、网络虚拟财产并列，昭示着数据已然属于一种财产。纵然当前对数据财产权保护颇具争议，但当车联网数据以产品、作品、技术方案、商业秘密、经营资产等形态呈现时，亦可在物权、著作权、专利权、商业秘密权、反不正当竞争法等框架之下加以匹配，进而受到财产规则的庇护。

数据产权维度下，由于主要考虑车联网数据的可产权化问题，所以，应将属于人格范畴的个人信息、私密信息排除在外。对于个人信息、私密信息之外的车联网数据，可统称为企业数据。若按照聚合和加工程度划分，车联网企业数据可区分为原生数据和衍生数据；若按照数据智能生成程度，车联网企业数据亦可划分为一般数据（原生数据和衍生数据）和智能数据。车联网企业数据可以物、智力成果、商业秘密、竞争利益等客体形态表现出来，受诸如物权法、知识产权法、反不正当竞争法等相关法律制度保护。

（三）数据安全维度

数据分级主要从数据安全、隐私保护和合规要求等角度进行。❶《关于构建更加完善的要素市场化配置体制机制的意见》提出，要"推动完善适用于大数据环境下的数据分类分级安全保护制度"。数据分类分级是数据安全管理的基础，正因如此，《数据安全法》对数据分类分级制度及重要数据目录管理制度进行了明确规定。数据安全维度主要考虑车联网事实数

---

❶ 陈兴跃.数据分级分类正式入法具有重大实践指导意义［J］.信息安全研究，2020（10）：949-952.

据构成数据安全法律关系客体的情形。数据安全维度由于更多考虑跨境状态下数据流通对国家安全、产业发展战略、个人信息（隐私）保护所产生的影响，因此数据分类分级成为车联网跨境数据治理的重要方式。《数据安全法》提出了重要数据和核心数据概念。《智能网联汽车数据安全评估指南（征求意见稿）》将车联网数据划分为一般数据和重要数据，以达到区别保护的目的。《汽车数据安全管理若干规定（试行）》将车联网数据划分为重要数据和敏感个人信息。值得注意的是，数据安全维度下的法律关系客体形态既包括重要数据、核心数据，亦包括个人信息。其中达到一定数量的个人信息归入重要数据范畴。与此同时，境内处理的车联网数据和境外处理的车联网数据均受数据安全保护规则的管辖。我国数据分类分级源自《数据安全法》的规定，数据分类分级管理制度由此构成了国家数据安全管理制度和体系中的首要制度，并对其后的数据立法产生重要影响。《工业数据分类分级指南（试行）》以数据破坏对工业生产、经济效益所造成的影响为标准，将工业数据分为三个等级，并就不同级别的情形加以列举。《网络安全法》从法律层面确定了网络安全等级保护制度，并与《信息安全技术 信息系统安全等级保护定级指南》（GB/T 22240—2008）、《信息安全技术 网络安全等级保护基本要求》（GB/T 22239—2019）等国家标准形成了必要关联，进而将等级保护对象划分为五级。有学者将车联网数据分为自主保护级、监管保护级和专控保护级三个级别，并明确了不同的保护措施。❶《智能网联汽车数据共享安全要求》将车联网数据划分为完全公开数据、慎重公开数据、一般数据、敏感数据、秘密数据。

综合来看，贯彻于智能网联汽车设计、生产、销售、使用、运维、管理等过程，贯通于车联网数据采集、传输、使用、存储、共享、销毁等全

---

❶ 刘宇，黎宇科，刘洋洋，等. 对自动驾驶汽车数据分类分级的思考[J]. 汽车与配件，2021（18）：42.

生命周期，个人信息维度、数据产权维度、数据安全维度之下，存在不同车联网数据法律关系，进而形成车联网数据不同的法律保护制度。

第三节　车联网数据治理困境

车联网数据生成于车内网、车际网、移动车载互联网等信息网络体系之中，既有原始数据，又有衍生数据；既有静态数据，又有动态数据；既有局域网数据，又有广域网数据，广泛分布于"云－管－端"之中。车联网数据形态的多变性、数据属性的多样性、通信方式的多元性、数据终端的多源性等，使得数据治理对象、治理框架、治理范式、治理方法等核心问题尚未加以解决，加剧了数据治理的困境。

一、法律治理对象模糊——事实数据向法律数据匹配障碍

诚如《著作权法》通过列举作品类型的方式，将客观存在的事实创作成果匹配于法定作品类型之中加以客体定性一样，客观存在车联网事实数据亦须借助一定的方式予以法律定性，从而明晰法律治理对象。

当前学理和实践对车联网数据的定义尚未形成共识。中国保险行业协会标准《机动车保险车联网数据采集规范》明确指出，"车联网数据应用实践中，普遍存在采集内容、格式差异大，数据质量不稳定等问题，数据可用性不高"❶等问题，但未就车联网数据予以明确定义。国家互联网信

---

❶ 中国保险行业协会. 机动车保险车联网数据采集规范［S/OL］.（2019－03－28）［2021－09－01］.http://www.iachina.cn/module/download/downfile.jsp？classid=0&filename=fc296765bac646e8aea62ed386475677.pdf.

息办公室发布的《汽车数据安全管理若干规定（试行）》通过列举的方式对汽车"重要数据"进行了敏感区域数据、测绘数据、车流数据、敏感个人信息数据等划分，汽车重要数据作为车联网数据的基本类型，并未将其与核心数据区分开来，且对重要数据的跨境监管语焉不详。中国汽车工程学会发布的《车联网数据采集要求》❶ 对T-BOX、OBD、行车记录仪等车载设备的数据采集周期、数据流编码规则、周期性数据采集项、事件触发性数据采集项等进行了规定，并将车联网数据划分为属性类、行为类、车况类、环境类、时间类、位置类、速度类等类型。工业和信息化部发布的《车联网信息服务数据安全技术要求》（报批稿，YD/T 3751—2020）将车联网数据定义为车联网信息服务过程中的除了用户个人信息以外的所有数据，包括不限于来自车辆、移动智能终端、路边设施和车联网服务平台等载体的相关数据，如基础属性类、车辆工况类、环境感知类、车控类、应用服务类等数据。

车联网数据的事实划分为数据治理奠定了基础。然而，当前理论和实践对车联网数据侧重于物理上的客观分类，缺少法律意义上的区分。不同类型的车联网数据的法律性质不同，导致其人格属性与财产属性、采集和利用规则等颇具差异。譬如《汽车数据安全管理若干规定（试行）》援引《民法典》和《个人信息保护法》等设置"个人信息"概念，但并未对车联网个人信息的具体形态加以列举，增加了规范适用的不确定性。所以，在车联网数据治理中，应在明确车联网数据的事实划分基础上，明确不同类型车联网数据的法律性质，进而提出因应之策。

---

❶ 中国汽车工程学会.车联网数据采集要求［S/OL］.（2018-05-02）［2021-09-02］.http://img.sae-china.org/read/web/viewer.html？file=http://img.sae-china.org/cms/attachments/id2648_ADOA.

二、法律治理框架松散——车联网数据法律治理专门立法实践滞后

当前，涉及车联网个人信息保护的政策、法律体系众多（见表1-3），既有诸如《民法典》《个人信息保护法》《数据安全法》《网络安全法》等上位法，亦存在着《车联网信息服务 用户个人信息保护要求》《汽车采集数据处理安全指南》等系列技术标准体系，还存在着《汽车数据安全管理若干规定（试行）》等规范性文件。在现有法律框架体系下，以车联网数据采集主体是否合法合规为标准，可从法定采集、授权采集、不当采集三种数据采集方式加以展开探讨。

《新能源汽车产业发展规划（2021—2035年）》《智能汽车创新发展战略》《车联网（智能网联汽车）产业发展行动计划》等政策性文件对车联网发展及车联网数据治理提出了明确要求。涉及车联网数据治理的法律规范散见于《民法典》《反垄断法》《网络安全法》《数据安全法》《个人信息保护法》《电信和互联网用户个人信息保护规定》《App违法违规收集使用个人信息行为认定方法》《汽车数据安全管理若干规定（试行）》等法律法规。《工业和信息化部关于加强车联网网络安全和数据安全工作的通知》对加强数据安全管理、提升数据安全技术保障能力、规范数据开发利用和共享使用、强化数据出境安全管理提出了明确要求。然而，当前在法律层面较少有直接针对车联网数据的法律规范，车联网数据法律治理框架存在法律依据不足、立法进程滞后、立法层次不高等问题。车联网数据样态多元，不同类型的车联网数据具有不同的法律性质，牵涉不同的部门法调整。譬如针对军事管理区、国防科工等重要敏感区域人流车流数据以及测绘数据，更多侧重于强有力的行政监管；对于拥有丰富车联网数据资源的企业或个人，利用数据资源优势而进行共谋、限制或排除竞争等数据垄断行为，便涉嫌车联网数据的反垄断规制；对于涉及车辆和用户的身份识

别、驾驶习惯、轨迹信息等私密信息和个人信息，则依赖于车联网数据的隐私权保护和个人信息权益保护相关规则；对于跨境数据，则涉及车联网数据的跨境监管问题；对于经过加工整理的车联网数据产品，则可能涉及数据财产权保护问题等。"国家治理体系的现代化就是法治化，包括治理体制和治理能力两个方面的法治化。治理体制的完善主要是改变现有的制度建构，治理能力的提升就是对法治方式娴熟运用。"❶ 车联网数据涉及多方利益主体、多样数据形态、多个法律部门，而现有车联网法律治理体系尚未形成规范的法律体系，车联网数据治理更多依附于现有制度加以参照适用，使得车联网数据的法律治理存在盲区，影响车联网产业健康发展。

表 1-3　车联网个人信息保护的政策、法律体系

类型	名称	出台年份
政策类	《汽车产业中长期发展规划》	2017
	《国家车联网产业标准体系建设指南（智能网联汽车）（电子产品和服务）（信息通信）》	2017/2018
	《国家车联网产业标准体系建设指南（总体要求）》	2018
	《车联网（智能网联汽车）产业发展行动计划》	2018
	《交通强国建设纲要》	2019
	《数字交通发展规划纲要》	2019
政策类	《智能汽车创新发展战略》	2020
	《工业和信息化部关于加强车联网网络安全和数据安全工作的通知》	2021
	《关于加强智能网联汽车生产企业及产品准入管理的意见》	2021
	《国家综合立体交通网规划纲要》	2021
	《新能源汽车产业发展规划（2021—2035年）》	2021

---

❶ 陈金钊.国家治理体系法治化及其意义——兼论法律方法的功能［J］.法律方法，2014（1）：52.

续表

类型	名称	出台年份
标准类	《信息安全技术 数据出境安全评估指南（草案）》	2017
	《车联网信息服务 用户个人信息保护要求》	2020
	《车联网信息服务 数据安全技术要求》	2020
	《信息安全技术 个人信息安全规范》	2020
	《汽车采集数据处理安全指南》	2021
	《信息安全技术 网联汽车 采集数据的安全要求（草案）》	2021
	《信息安全技术 汽车采集数据的安全要求》	2021
	《信息安全技术 重要数据识别指南（征求意见稿）》	2021
	《数据出境安全评估办法（征求意见稿）》	2021
法律类	《反垄断法》	2007
	《消费者权益保护法》	2013
	《网络安全法》	2017
	《民法典》	2020
	《刑法》	2021
	《个人信息保护法》	2021
	《数据安全法》	2021
法规类	《电信和互联网用户个人信息保护规定》	2013
	《移动互联网应用程序信息服务管理规定》	2019
	《App违法违规收集使用个人信息行为认定方法》	2019
	《汽车数据安全管理若干规定（试行）》	2021
	《移动互联网应用程序个人信息保护管理暂行规定（征求意见稿）》	2021
	《工业和信息化领域数据安全管理办法（试行）》	2022

三、法律治理范式不足——车联网数据治理范式未自成体系

当前，数据治理范式雏形已基本形成，车联网数据作为数据的重要类

型之一，二者的法律治理既存在共性，亦具有一定差异。数据治理范式和车联网数据治理范式之间要做好转换。车联网数据法律治理范式大致可包括治理原则、治理目标、治理对象、治理主体、治理规则等方面。但一方面，数据法律治理范式尚在形成过程之中；另一方面，数据治理范式与车联网数据法律治理范式之间并未保持衔接。

其一，治理原则方面。共享与安全是数据法治总的基本原则，且针对不同领域，原则也有所差异。譬如，个人信息应遵循"合法正当方式、明确合理目的、处理目的的最小范围、公开处理、准确安全"等基本原则。就车联网数据法律治理原则而言，虽然《汽车数据安全管理若干规定（试行）》明确了汽车数据处理活动中需要坚持的"车内处理原则、默认不收集原则、精度范围适用原则、脱敏处理原则"，然而，在车联网数据采集、数据存储、数据处理、数据传输、数据交易、数据销毁（删除）等数据生命周期之内，学理和实践中尚未凝练出共性的基本原则。其二，治理目标方面。车联网数据法律治理在于以数据生产要素为主要对象，以数据安全为底线，优化车联网数据技术标准体系，建构车联网数据生命周期内的采集、存储、使用、转移规则，推动数据开放和创新应用，促进车联网（智能网联汽车）产业规范健康发展。鉴于当前车联网数据法律治理体系尚处于初步建设阶段，相关制度采取"成熟一部、制定一部"的立法进路，车联网数据相关制度或侧重于数据安全，或侧重于数据隐私和个人信息保护，或侧重于跨境数据安全等，车联网法律治理总体目标产生游离，缺少统领性目标指引。其三，治理对象方面。数据与信息、重要数据与个人信息、个人信息与企业数据、软件生成物与人工智能生成物、数据与车联网数据、车联网数据与汽车数据等关系有待进一步厘清。车联网数据哪些属于个人信息范畴，哪些属于隐私权范畴，哪些属于可产权化范畴，哪些属于国家安全范畴等需要加以明确，车联网数据分类保护体系尚未建成。其四，数据治理主体方面。数据治理的主体包括自然人、平台、网络经营者、数据控制者,以及监管部门。放到国际层面考虑,数据治理主体还包括不同的主权国家。❶ 而车联网数据相关主体包括车主、汽车制造商、零部件和软件提供者、经销商、维修机构、网约车企业、保险公司等,牵涉汽车设计、生产、销售、运维、管理等不同环节的主体。一方面,如何结合数据生命周期,厘清车联网数据利益相关主体之间的权利义务关系、主体责任,相关制度付之阙如;另一方面,政府在车联网数据治理中的角色定位、职权归属、职责范围、体制机制等,尚不明确。其五,治理规则方面。车联网数据法律治理体系尚未形成,车联网数据的法律治理依据往往参照《民法典》《反垄断法》《网络安全法》《数据安全法》等法律加以适用,缺乏直接针对车联网数据采集、存储、使用、转移等规则。

四、法律治理方法缺失——技术治理与法律治理二元共治融合不够

随着科技的发展,法律规则与技术规则的融合渐渐成为未来法治的发展趋势。有学者提出,"技术标准是一种带有普适性、指导性、强制性的技术规范,对统一特定领域的产品或服务标准具有重要作用"❷。从技术与技术标准的关系观之,技术标准是企业进行一系列技术活动的基础和依据,每个技术标准都由一系列的技术组成,技术是技术标准的基础。❸ 有学者提出,"技术标准的形成以技术为基础,以经济为动力,同时受到规

---

❶ 王锡锌.数据治理的法治化:合法性、体系性、平衡性[EB/OL].(2019-06-28)[2021-08-20]. https://baijiahao.baidu.com/s？id=1637552668264666437&wfr=spider&for=pc.

❷ 张平,马晓.标准化与知识产权战略[M].北京:知识产权出版社,2005:18.

❸ 赵树宽,闫放.从技术能力形成的角度看技术标准竞争及政策启示[J].情报科学,2006(6):851-854.

制主体的影响，技术标准正是在这三方面因素的综合作用下建立、发展和替代的"❶。"受制于消费者需求、市场竞争日益激烈、技术的更新换代等因素影响，标准之间的淘汰更新与技术发展保持同步，有时甚至超越了技术创新本身的发展水平。"❷对车联网数据而言，车联网是汽车、电子、信息通信、道路交通运输等行业深度融合的新兴产业，涉及远程通信、车辆技术、物联网、公路交通、道路安全、电子工程和计算机科学、智能科学与技术等诸多领域技术问题，不再是传统意义上的单一技术，而是一个系统的技术体系。为了统一协调车联网领域的技术事项，车联网系列标准的制定应势而生。

近年来，《国家车联网产业标准体系建设指南（总体要求）》《国家车联网产业标准体系建设指南（智能网联汽车）》《国家车联网产业标准体系建设指南（信息通信）》《国家车联网产业标准体系建设指南（电子产品和服务）》《国家车联网产业标准体系建设指南（车辆智能管理）》等相继发布。2020年，交通运输部发布《国家车联网产业标准体系建设指南（智能交通相关）》(征求意见稿)。车联网产业标准体系涵盖了智能网联汽车标准体系、信息通信标准体系、智能交通相关标准体系、车辆智能管理标准体系等方面。2021年，工业和信息化部亦发布《车联网（智能网联汽车）网络安全标准体系建设指南》(征求意见稿)，明确了"总体与基础共性标准、终端与设施安全标准、网联通信安全标准、数据安全标准、安全保障与支撑标准"等，并计划到2023年底，初步构建起车联网（智能网联汽车）网络安全标准体系框架。此外，还包括《车联网信息服务 用户个人信

---

❶ 高俊光，单伟.技术标准形成机理实证研究[J].科技进步与对策，2011（15）：12.

❷ 王博，丁堃，刘盛博，等.基于技术标准的下一代移动通信产业竞争情报分析[J].科技管理研究，2015（2）：135.

息保护要求》《汽车采集数据处理安全指南》《信息安全技术 个人信息安全规范》等技术标准，以及正在预研或拟定的《信息安全技术 重要数据识别指南（征求意见稿）》《数据出境安全评估办法（征求意见稿）》《信息安全技术 数据出境安全评估指南（草案）》等，车联网产业相关技术标准正在不断完善。

技术规则转化为法律准则需要满足自然的强制力、具有特定范围的公定力、具有毋须证明的拘束力等条件。❶同理，车联网技术标准与相关法律法规并不能等量齐观，二者分属不同的社会规则，在制定主体、强制执行力、规则结构、效力、规范内容等方面颇具差异。为了避免技术标准凌驾于法律之上，有学者提出，需要进行技术标准的规范化改造，即法律层面，立法机关有权援引由法律规定的技术标准；行政法规层面，虽可援引和授权实施某标准，但不得与法律保留和法律优先原则相抵触。其他下位法则不具有强制性标准的制定权和推荐性标准的援引权。❷在车联网数据法律治理规则构建过程中，亦需要处理好车联网数据法治与车联网相关技术标准之间的关系，即技术治理与法律治理的关系。但我国目前车联网数据治理相关立法尚处于起步阶段，车联网数据有关技术标准尚未形成，在立法中究竟吸收技术标准，抑或在立法中援引技术标准，进而推动技术标准与法律规范之间的融合，并未形成清晰的路径。

综上所述，车联网数据治理问题频出映射出该领域内法律治理体系的缺失。法律治理体系是由不同法律规范组合而成的有机整体，尤其强调各组成部分间的相互配合。法律制度是车联网数据得以依法治理的基础，构

---

❶ 张淑芳.论技术规则对行政法规范的渗入［J］.湖北警官学院学报，2005（4）：7.

❷ 张圆.论技术标准的法律效力——以《立法法》的法规范体系为参照［J］.中国科技论坛，2018（12）：119.

建我国车联网数据的法律治理体系应首先强化数据治理法律即《个人信息保护法》《数据安全法》《网络安全法》等之间的呼应关系,进而充实与其价值融贯、不相抵触的配套制度,以此明确治理目标、丰富治理工具、增强治理能力。因此,以具体的规则设计为出发点,以填补制度空缺、完善制度内容、丰富制度供给为落脚点,是本书提倡构建车联网数据法律治理体系的根本目的。

第二章

车联网数据源头治理之"个人信息论"

一辆智能网联汽车每天可生成TB级海量数据,其中就包含了驾乘人员、交通参与者以及与其关联的个人信息。在智能网联汽车设计、生产、销售、使用、运维、管理等过程中,皆会生成车联网个人信息。个人信息维度之下的车联网数据即车联网个人信息,属于车联网数据生成的重要源泉。正所谓正本清源,加强车联网个人信息的源头治理,对畅通车联网数据规范有序利用,释放车联网数据生产要素功能,促进车联网产业健康发展具有重要意义。

第一节　车联网个人信息权利客体

车联网个人信息具有复杂的事实形态,但并非所有个人信息事实形态皆会纳入个人信息权利保护客体之中。厘清车联网个人信息事实形态和存在状态,界定车联网个人信息权利保护客体,有助于明确车联网个人信息权利的保护范围。

一、车联网个人信息事实形态

车联网数据划分为基础属性类、车辆工况类、周围环境感知类、车控类、应用服务类、用户个人信息等类型。如智能驾驶汽车除了收集乘客的个人信息,亦需收集汽车功能状态数据、汽车行驶位置与其他汽车及其周围环境等数据,并持续地与其他车辆、行人以及中央控制处理系统进行数据交换和共享。❶2021年,全国信息安全标准化技术委员会发布《汽车采集数据处理安全指南》将汽车数据划分为车外数据、座舱数据、运行数据、位置轨迹数据。❷有学者提出,数据收集获取阶段主要获取车辆自身数据、车辆及用户个人数据、国家基础数据以及国家重要数据。其中,车辆及用户个人数据主要包括车辆及用户个人识别信息(如车辆基本信息、车主信息、投保信息等),以及驾驶者在行车过程中产生的个人数据(如用户位置记录、行车轨迹、驾驶习惯、操作和控制记录等)。前者通常在汽车数据管理者和处理者提供服务之初,通过用户提交的方式获得;后者通常在用户使用服务的过程中,通过后台数据提取的方式获得。❸如前所述,车联网数据的事实分类主要包括个人信息、车况数据、人车交互数据、周围环境感知数据等类型,若某种类型车联网数据与个人形成关联,亦受车联网个人信息保护规则约束。欧洲数据保护委员会(EDPB)发布的《车联网个人数据保护指南》指出,连接车辆生成的大部分数据与已识别或可识别的自然人有关,因此构成个人数据。例如,数据包括直接可识

---

❶ 邓辉.论我国智能驾驶汽车中的个人信息保护[J].电子科技大学学报(社科版),2020(1):23.
❷ 全国信息安全标准化技术委员会.汽车采集数据处理安全指南[S/OL].(2021-10-08)[2021-10-13].https://www.tc260.org.cn/file/jswj01.pdf.
❸ 王艳艳,桂丽,蔡亚芬.车联网用户数据保护评估研究[J].信息通信技术与政策,2020(8):69.

别数据（如驾驶员的身份信息）以及间接可识别数据（如行程详情、车辆使用数据、与驾驶风格或行驶距离有关的数据等），曾经一些难以甚至无法识别到个人的车辆技术数据（如与车辆零件磨损有关的数据），通过诸如车辆识别号（VIN）与其他文件的交叉引用所形成的数据，可以与自然人相关。换言之，任何与自然人相关的数据都属于《车联网个人数据保护指南》的范围。

值得注意的是，对于不关联用户个人信息的其他类型数据，其生成于车辆运行之中且主要应用于车辆智能动态信息服务和智能化控制（如CAN总线数据交互），这些数据在尚未集成之前，并无单独评价之必要。譬如除了车联网个人信息外，当前制度对汽车重要数据较为关注，而单车数据难称重要数据，集合的车联网数据方可称为重要数据。是故，针对单个智能网联汽车的车联网数据，重点探讨车联网相关个人信息保护问题，对其他类型数据的采集不作法律意义上的评价。对未进行匿名或去识别化的车联网个人信息大数据或小数据集合，亦属于车联网个人信息保护讨论范畴。

二、车联网个人信息的客体界定

单个车辆虽然涉及个人信息、车况、路况、媒体娱乐等不同类型数据，但仅车联网个人信息具有法律评价和规范之必要。其他类型单个车辆数据的采集在仅为车辆功能使用之必需，在不关联个人信息时，并无法律单独评价之必要。易言之，在数据采集、存储、传输、处理、保护、出境等生命周期，数据保护包括车主和交通参与者等个人信息保护、车企的商业机密和财产利益、国家的数据安全三个维度，而在车联网数据采集阶段，则更多关注车联网个人信息。如单个车辆的燃油数据，法律并无保护之必要。

《个人信息保护法》将个人信息界定为以电子或者其他方式记录的与已识别或者可识别的自然人有关的各种信息，不包括匿名化处理后的信息。《民法典》颁布之后，基于原始数据的形态不同，对隐私和个人信息的保护加以区分的同时，界定了个人信息概念，但并未将个人信息上升为权利加以保护。《车联网信息服务 用户个人信息保护要求》将车联网个人信息界定为汽车厂商、零部件和元器件提供商、软件提供商、数据和内容提供商和服务提供商等在提供服务过程中收集的能够单独或与其他信息结合识别用户和涉及用户个人隐私的信息。《汽车数据安全管理若干规定（试行）》将个人信息界定为"以电子或者其他方式记录的与已识别或者可识别的车主、驾驶人、乘车人、车外人员等有关的各种信息，不包括匿名化处理后的信息"。《车联网信息服务 用户个人信息保护要求》根据个人信息的敏感程度和发生用户个人信息泄露或滥用等事件后对用户人身和财产危害程度，将车联网个人信息划分为个人敏感信息（身份证明、生理标识等）、个人重要信息（驾驶与行车服务安全信息、日志、车辆基本资料等）和个人一般信息（业务订购、订阅信息等）。

不同的数据类型往往蕴含着不同的权利/权益，数据采集须遵循数据权利/权益的内在规定要求。《民法典》将私密信息通过隐私权予以保护，但《民法典》并未将个人信息的保护进行正面确权，而是将其视为一种防御性利益予以保护。❶然而，个人信息与隐私在理论上的界分并非意味着在实践中的精确剥离，尤其是隐私属于动态性、主观性较强的概念，因人因事而异，极易模糊乃至混淆隐私与个人信息的界限。一般而言，"隐私保护的是主体不愿为人所知的敏感信息，个人信息保护的是信息主体愿意

---

❶ 李媛．民法典为个人信息保护确立方向［N］．中国社会科学报，2020-07-22．

为人所知但不愿意被人所滥用的信息。"❶。由于车联网领域涉及个人的数据大多是个人自愿公开的信息,故较之隐私权,车联网个人信息保护更具实际意义。加之,私密信息本身既属于隐私,受到隐私权的保护,同时又属于个人信息,可以适用个人信息保护的法律规定。❷所以,对采集阶段车联网数据保护更多关注个人信息保护。

具有法律评价意义的原始数据主要包括私密信息和个人信息。在《民法典》尚未颁布之前,对私密信息可通过隐私权加以保护,而对隐私之外的个人信息保护并无定式,非单一权利所能涵盖,主要寄身于一般人格权、隐私权及其他具体人格权之中加以保护。如有学者认为,我国对原始数据主要采取间接保护模式,由于原始数据保护不存在特定的具体权利依托,主要借助姓名权、名誉权、荣誉权、肖像权或隐私权等加以保护。❸在个人信息、隐私的民法保护尚不完备情形下,我国司法机关采取了将个人信息附属于隐私权进行保护的方式。❹ "作为个人数据主体的自然人、作为商业秘密权利主体的企业、作为著作权主体的作者等,他们都可以成为数据原权利人。"❺在个人信息聚合状态下,有学者认为,数据集合如果包含了信息主体的个人信息,那么数据财产权就需要以信息主体的隐私利益保护为基础,数据财产权的成立必须建立于这个基础之上。❻《民法典》第

---

❶ 彭诚信,杨思益.论数据、信息与隐私的权利层次与体系建构[J].西北工业大学学报(社会科学版),2020(2):82.
❷ 程啸.我国民法典对隐私权和个人信息的保护[N].人民法院报,2020-07-30.
❸ 王成.个人信息民法保护的模式选择[J].中国社会科学,2019(6):137.
❹ 王秀哲.大数据时代个人信息法律保护制度之重构[J].法学论坛,2018(6):122.
❺ 王玉林,钟敏.数据原权利人的权利与限制[J].情报理论与实践,2017(1):36.
❻ 吴亚光.论数据财产权成立的权利客体基础[J].图书馆建设,2020(4):87.

127条规定,"法律对数据、网络虚拟财产的保护有规定的,依照其规定"。《民法典》第1034条又对个人信息予以专门规定。数据与隐私、个人信息已经各自实现了财产和人格的法律地位划定。❶ 对处于收集阶段的原始数据,由于其来源较为广泛,掺杂着尚未涤除可识别性特征的个人数据,个人信息权仍可延及于此,并不能成为财产权的客体。诚如有学者所言,"个人信息本质属于一种人格利益,个人信息的财产利益并不具有独立性保护价值,而从属于个人信息蕴含的人格利益"❷。

综合观之,车联网个人信息保护客体主要包括车辆和用户个人识别信息,驾乘人员在行车过程中产生的直接或关联个人数据,交通参与者人脸、行程轨迹等信息等,单车的纯粹功能性车联网数据以及私密信息排除在个人信息权利客体之外。

三、车联网个人信息不同存在状态及区分意义

《车联网信息服务 用户个人信息保护要求》将车联网个人信息采集定义为车联网信息服务过程中获得对用户个人信息控制权的行为,包括由个人信息主体主动提供、通过个人信息主体交互或记录个人信息主体行为等自动采集,以及通过共享、转让、搜集公开信息等间接采集。车联网个人信息主要通过车辆传感器、车载T-BOX、手机App及其他机器设备等采集而来,如"用户向数据从业者提交的,或者因使用数据从业者相关产品、服务而生成的,或者因携带移动智能终端及其他可穿戴设备而产生的

---

❶ 童彬.数据财产权的理论分析和法律框架[J].重庆邮电大学学报(社会科学版),2019(1):53.

❷ 王利明.论个人信息权在人格权法中的地位[J].苏州大学学报(哲学社会科学版),2012(6):70.

与用户本身及其行为、状态相关的信息"❶。车联网感知层主要通过 RFID、GPS、传感器、摄像头等车内传感器和车外传感器来获取诸如 GPS 数据、车辆速度、轮胎压力等车辆位置、距离、速度等信息。处于感知层的车联网数据，可划分为实时自动收集数据、总线数据、后台数据三类。

其一，对于实时自动收集数据，针对尚处于辅助驾驶阶段的智能网联汽车，由于车内处理原则和默认不收集原则已确定为处理汽车数据的基本原则，且相关数据采集设备属前装系统，在获取数据之前已征得车主同意，故较少涉及不当采集问题。而针对自动（无人）驾驶汽车而言，"为了保证安全行驶，智能驾驶汽车必须不断地收集各种信息和数据"❷。根据《关于加强智能网联汽车生产企业及产品准入管理的意见》，针对自动驾驶数据，区分了车辆、车辆状态及动态信息、运行信息、行车环境信息、驾乘人员操作及状态信息、故障信息等。其中，个人信息不仅包括汽车内视频和语音系统中所收集的驾乘人员生物识别信息，还包括诸如行车记录仪所收集的相关交通参与者信息。❸ 对于自动驾驶汽车车内车主（乘客）个人信息的保护可参考智能网联汽车个人信息保护的一般规则，无须区别对待。而对于车外行人等个人信息的保护，无人驾驶汽车须进行特殊处理，尤其是基于行车安全需要，在采取匿名、去标识化、模糊处理等技术措施后，对实时采集的数据不必经过个人信息主体的事先授权。但对采集之后所存储的能够识别特定行人身份或特定活动的信息应受个人信息保护规则所约束。

其二，对于汽车总线节点上的数据，既包括汽车功能状态数据，亦包

---

❶ 张素华，宁园. 论数据利益的保护路径——以数据利益的解构为视角[J]. 私法，2019（1）：48.

❷ 江溯. 自动驾驶汽车对法律的挑战[J]. 中国法律评论，2018（2）：181.

❸ 陈锦波. 规制层次与管控理念：自动驾驶汽车的监管进路[J]. 苏州大学学报（法学版），2019（1）：20.

括行车轨迹、实时位置、导航记录、常用地址、常用设置、操作和控制记录等数据，这些数据一部分存储于汽车行车电脑之中，一部分存储于汽车厂商、平台服务商后台之中。对于存储于汽车行车电脑之中的数据，可通过诸如车载 T-BOX、接入 OBD 有关专门设备加以采集、获取。当前，破解 CAN 私有协议是否违法并无定论，法律亦未禁止，且即使通过破解协议也只能获得部分 CAN 总线原始数据，故对汽车 CAN 总线数据的获取并不存在法律风险，但所获取的数据与个人信息形成必要关联时，要受到个人信息保护规则的约束。

其三，对于后台数据，由于相当多的车联网数据存在于汽车厂商、平台服务商后台之中，上述数据控制主体对车主个人信息收集须得到个人信息主体的授权，不得非法获取个人信息。汽车厂商若借助远程操控系统控制车辆，便可能侵犯车主个人信息权益。如在上海车展上特斯拉车主维权事件中，起初车主主张特斯拉提供事发前 30 分钟的行驶数据，遭到特斯拉的拒绝。❶ 在"失控奔驰"事件中，车主质疑奔驰公司远程获取数据侵犯隐私、可能篡改车辆数据。❷ 对于汽车厂商、平台服务商而言，后台数据虽然更多地以聚合状态呈现，但后台数据若具有可识别性且能具体到个人，应当受到车联网个人信息保护规则的约束，汽车生产商、平台服务商不得擅自使用包含有具体个人信息的数据。

---

❶ 特斯拉车顶维权当事人. 上海车展特斯拉维权车主发声 提五点质疑［EB/OL］.（2021-04-25）［2021-09-15］.https://baijiahao.baidu.com/s？id=16980284164430 04079&wfr=spider&for=pc.

❷ 刘亚洲."失控奔驰"车主质疑奔驰侵犯隐私 专家：远程获取数据功能很普通（EB/OL）.（2018-04-09）［2021-09-15］.https://baijiahao.baidu.com/s？id=15972682 50602840637&wfr=spider&for=pc.

第二节 车联网个人信息权利归属

车联网个人信息的获取和利用涉及车联网数据处理者和车联网个人信息主体之间关系的处理。车联网数据处理者主要包括国家机构、汽车制造商、零部件和元器件提供商、维修机构、软件提供商、数据和内容提供商和服务提供商等，其应履行车联网个人信息获取和利用中的告知、征求同意、匿名化等义务。车联网信息主体既包括驾乘人员，还包括与本汽车交互的其他机动车、非机动车等交通工具的驾乘人员以及行人等交通参与者，驾乘人员和交通参与者虽然享有同等的个人信息权利保护，但若基于行车安全或服务功能，且满足不得向外传输、匿名化等条件之下，交通参与者的个人信息权利需要作出适度让步。

一、车联网个人信息拥有主体

车联网数据信息主体除了车主之外，是否还包括租车人、其他驾驶人、乘客、行人等交通参与人员，在现有制度中并未明确。《车联网个人数据保护指南》将个人信息主体确定为驾驶员、乘客、车主、租车人等，且侧重关注上述主体对联网车辆的非专业使用相关的个人数据处理，具体包括：（1）在车内处理；（2）在车辆和与其连接个人设备（如用户的智能手机）之间交换；（3）在车辆内收集并传输至外部实体（如车辆制造商、基础设施经理、保险公司、汽车维修商）的进一步处理。❶ 美国于2020年发布的《确保美国在自动驾驶汽车技术方面的领导地位：自动驾驶汽车4.0》中明确，联邦政府在促进自动驾驶（AVS）与常规车辆、行人、骑自行车者、摩托车者和其他道路使用者安全有效地融入现有运输系统等方面发挥着重要作用，并关注公众的安全和隐私。❷

《车联网信息服务 用户个人信息保护要求》将车联网个人信息主体限定为用户。《关于〈深圳经济特区智能网联汽车管理条例（征求意见稿）〉的说明》中对信息主体作了扩大解释，其明确提出，"智能网联汽车作为移动的计算设备，能够采集到驾驶人、乘客、行人等交通参与人的个人信息、位置信息、路上行为等大量数据"❸。《汽车数据安全管理若干规定（试行）》则将车主、驾驶人、乘车人、车外人员等统一纳入个人信息主体。《汽车采集数据处理安全指南》确立了驾乘人员和交通参与者概念，其中交通参与者包括与本汽车交互的其他机动车、非机动车等交通工具的驾乘人员以及行人等人员。《民法典》《个人信息保护法》虽为个人信息保护提供了基本依循，但车联网个人信息保护存在特殊性。在界定车联网个人信息主体时，除了驾乘人员，还应将其他与本车辆交互的驾驶人、乘车人以及车外人员等交通参与者也纳入车联网个人信息保护主体范围之内，确保个人信息保护在车联网领域得以全方位覆盖，避免个人信息保护盲区。

---

❶ Guidelines 1/2020 on processing personal data in the context of connected vehicles and mobility related applications［EB/OL］.（2020-01-28）［2021-09-20］. https://edpb.europa.eu/sites/default/files/consultation/edpb_guidelines_202001_connectedvehicles.pdf.

❷ Ensuring American Leadership in Automated Vehicle Technologies：Automated Vehicles 4.0［EB/OL］.（2020-01-08）［2021-09-20］. https://www.transportation.gov/av/4.

❸ 深圳市人民代表大会常务委员会. 关于《深圳经济特区智能网联汽车管理条例（征求意见稿）》公开征求意见的公告［EB/OL］.（2021-03-23）［2021-09-20］. http://www.szrd.gov.cn/rdyw/fgcayjzj/content/post_685357.html.

二、车联网个人信息采集主体

授权采集主要指相关主体在采集相关数据时须经过数据拥有主体或控制主体的同意方能采集。我国数据的法律法规中所涉数据采集主体包括"网络运营者、国家机关政务网络的运营者、网络产品与服务的提供者、个人信息获得者、关键信息基础设施的运营者、电子信息发送服务提供者、应用软件下载服务提供者、电信业务经营者、互联网信息服务提供者、大数据企业、网信部门和有关部门、任何个人和组织"❶。采集主体获取个人信息须通过信息主体的同意和授权。根据《车联网信息服务 用户个人信息保护要求》,车联网数据采集主体主要包括汽车厂商、零部件和元器件提供商、软件提供商、数据和内容提供商和服务提供商等。《汽车数据安全管理若干规定(试行)》将车联网(汽车)数据采集者即处理者明确为汽车制造商、零部件和软件供应商、经销商、维修机构以及出行服务企业等。车联网个人信息保护的车内处理原则、默认不收集原则、精度范围适用原则、脱敏处理原则等基本原则对车联网信息采集主体提出了明确要求。车联网信息采集主体在获取个人信息时须履行告知、征求同意、匿名化等义务。

由此可见,车联网数据处理者和车联网数据采集者可以等同使用,值得注意的是《汽车数据安全管理若干规定(试行)》《车联网信息服务 用户个人信息保护要求》等并未将相关国家机构纳入采集主体或车联网数据处理者范畴。虽然政府数据、个人信息、企业数据分属不同的维度,但考虑到特定国家机关基于维护社会公共利益、社会秩序、国家安全等需要,存在法定采集个人信息的情形,从而成为特殊的个人信息采集主体。是

---

❶ 侯水平. 大数据时代数据信息收集的法律规制[J]. 党政研究, 2018 (2): 23.

故，车联网数据处理者除了汽车制造商、零部件和元器件提供商、维修机构、软件提供商、数据和内容提供商和服务提供商，还应将国家机构纳入车联网数据范畴之内。

三、不同车联网个人信息主体的权利协调

车联网个人信息主体包括车主（用户）、驾驶人、乘车人、车外人员等，对于车联网数据处理者而言，不同信息主体在同一时空之下可能产生权利冲突问题。当前，车联网个人信息保护已形成"车内处理原则、默认不收集原则、精度范围适用原则、脱敏处理原则"等基本原则。然而，无论是每次驾驶时将智能网联汽车默认设定为不收集状态、除非确有必要不向车外提供，还是通过用户手册、车载显示面板、语音等方式告知个人信息主体其信息处理的目的，其重点在于处理个人信息采集者（数据处理者）与个人信息主体（驾乘者）之间的权利义务关系。对于车内人员而言，无论是驾驶员，还是乘客，每个人都是独立的信息主体，在同一应用场景下分别就生成的个人信息享有权利，并不具有权利协调的必要性。

然而，随着无人驾驶的逐步应用，依赖于无人驾驶汽车的红外传感器、摄像头、麦克风等传感器获取车外数据，车内信息主体与车外信息主体，即车内驾乘人员与车外交通参与者之间的个人信息权利是否得以同等保护引起人们关注。驾乘人员与交通参与者属于不同的信息主体，交通参与者包括与本汽车交互的其他机动车、非机动车等交通工具的驾乘人员以及行人等人员。《汽车采集数据处理安全指南》明确规定，未经个人信息主体单独同意，汽车不应通过网络向外传输含有交通参与者的个人信息。《汽车数据安全管理若干规定（试行）》一方面要求汽车处理者根据服务功能需要调整数据精度，如基于服务需要来确定摄像头、雷达等的覆盖范围、分辨率；另一方面，汽车处理者基于行车需要将采集到的车外个人信

息向车外传输的,须满足匿名化处理,如删除交通参与者画面或对其人脸信息等予以局部轮廓化处理。

在确保车联网个人信息主体人格平等的基础上,对直接或间接参与交通的自然人提供相同力度的保护,即不对车内人员、车外人员或车主、乘客间的人格权益作价值区别判断。然而,随着个人信息主体类型的增加,数据处理者采集个人信息时的成本亦随之剧增。车联网采集个人信息的目的主要包括维持车辆正常运行、满足汽车厂商生产开发需要、满足监管需求、丰富个性化服务内容等,其中应以维持车辆正常运行、实现车辆基本功能为首要。为实现该首要功能,驾驶员的作用至关重要,这是因为驾驶员在车辆运行过程中占据主导地位,智能决策参与与否、智能决策的参与程度、车辆事故应急处理等均由其直接应对。可见,驾驶员与车辆直接交互而产生的数据在车联网个人信息中占据主导地位,车联网对个人信息的采集应当首先围绕驾驶员进行。只有在出现特殊情况如乘客突发疾病、驾驶员遭受攻击、发生交通事故时,方有必要对其他信息主体的个人信息进行采集。这也是车联网个人信息采集的目的明确、最少够用、公开告知等共性原则与车内处理、精度限制、脱敏处理等特殊原则的应有之义。车辆驾驶舱外产生的数据(包括客舱数据、车外数据)在车辆正常行驶情况下并没有具体识别到个人的必要,亦只有小部分座舱数据需要上传云端,即便是为了满足客运监管所需,采集的对象亦应仅限于乘车人的面部识别信息、车外人员与车辆的相对位置信息,而不应延及健康生理信息、财产信息、教育工作信息等。综合观之,不同车联网个人信息主体分别对车联网数据处理者享有同等权利,但基于行车安全或车联网服务功能等需要,驾乘人员的个人信息权行使优先于其他交通参与者,但仍要满足车内处理原则、匿名化、精度适用等原则,具体包括但不限于:(1)基于行车安全需要获取交通参与者信息,需要匿名化处理;(2)要通过调整智能网联汽车的摄像头、雷达等的覆盖范围、分辨率,防止过度获取交通参与者的个人信息；（3）获取交通参与者个人信息后，未取得交通参与者知情同意，不得再向外传输。

第三节 车联网个人信息权的权利内容

在以"知情—同意"为核心的个人信息私权保护体系中，车联网个人信息权的权能主要包括知情同意权、查阅权和复制权、撤销权和删除权等内容，且权利的运行贯穿于车联网数据采集、传输、使用、存储、共享、销毁等全生命周期之中。但个人信息权的行使并非漫无边际，在涉及国家安全、公共利益等情形时，须受到必要的限制。

一、知情同意权

知情同意作为个人信息保护的一项基本原则，贯彻于个人信息保护制度之中。《个人信息保护法》确立以"知情—同意"为核心的个人信息处理一系列规则，在"个人信息处理规则""一般规定""敏感个人信息"部分，对收集用户数据要事前告知并取得（单独）同意进行了明确规定。国家标准《信息安全技术公共及商用服务信息系统个人信息保护指南》（GB/Z 28828—2012）明确了个人信息处理中的个人同意原则。《信息安全技术 个人信息安全规范》（GB/T 35273—2020）对收集个人信息时的授权同意情形进行了规定。

（一）知情同意权的适用范围

上述关于数据授权采集的规定亦适用于车联网数据。然而，车联网应用场景较为复杂，如何针对车联网领域个人信息收集的特殊性，制定完善的车联网个人信息收集程序、收集目的、告知义务等统一规则刻不容缓。其一，对于明示的方式，应针对车联网个人信息采集的特殊场景加以列举。如《移动互联网应用程序个人信息保护管理暂行规定（征求意见稿）》便以明示的方式列举了不同情形下 App 运营商所应承担的告知和明示义务。《个人信息保护法》第 17 条对个人信息处理者应当以显著方式、清晰易懂的语言真实、准确、完整地向个人告知事项进行了列举。与此同时，《汽车数据安全管理若干规定（试行）》对车联网数据授权采集亦作出了专门规定，其第 7 条就汽车数据处理者处理个人信息应当通过用户手册、车载显示面板、语音、汽车使用相关应用程序等显著方式予以告知个人事项的情形进行了规定。第 9 条对汽车数据处理者处理敏感个人信息时的目的、告知义务、单独同意、数据删除等情形进行了规定。对车联网信息采集过程中的告知程序、明示方式等缺乏系统的规定，未及时将涉及车联网个人信息采集的国家标准及时上升至法律层面。其二，前已述及，车联网个人信息主体包括车主（用户）、驾驶人、乘车人、车外人员等，对于临时租车人（驾驶人）、乘车人而言，原车主所预装应用程序时的知情同意效力是否会延及租车人（驾驶人）、乘车人等，需要进行明确。其三，对车联网个人信息收集的例外情形缺乏规定。如在自动驾驶汽车领域，基于保证行车安全需要，在去可识别化的前提下，对车外个人信息的收集在特定情形下应被允许；又如车联网相关产品或服务仅仅提供工具给信息主体使用而不进行访问的（如车载离线导航软件在车辆终端所获取的位置信息并未回传至软件提供者），不应纳入车联网个人信息采集范围。

（二）知情同意权的侵犯之不当采集

车联网个人信息附着信息主体相关权利或权益，车联网原始数据生成往往需要信息主体的授权。现实中所发生的车联网个人信息不当采集行为，便是对个人信息主体个人信息权的侵犯。有学者将数据类型划分为完全公开数据、不完全公开数据和不公开数据，并据此将不当采集数据的行为划分为超越 Open API 权限获取数据、伪造正常账号获取数据、绕过身份认证技术措施而获取数据的黑客行为、侵犯商业秘密以及犯罪行为等。❶亦有学者将不当采集数据的行为划分为超出协议约定范围的数据抓取行为、违背行业内公认准则的数据抓取行为、采用违法手段进行的数据抓取行为。❷车联网领域，数据不当采集行为呈现蔓延态势。中国汽车信息安全共享分析中心梳理出车联网信息安全涉及的接口、访问、漏洞、加密等十大风险。❸对于已公开的不包含驾驶数据、位置数据的车辆原始数据，由于并不属于个人隐私和个人信息范畴，不纳入车联网数据不当采集的对象。

车联网终端设备和软件由智能网联汽车生产企业、车联网服务平台运营企业等加以提供和运营，车联网用户可通过车载计算机、导航设备、信息娱乐终端等车联网终端设备以及车载操作系统、算法软件、应用软件等软件系统将个人信息传输至远程信息服务平台。相关平台在向车主提供车联网服务的同时，存在侵犯车联网用户个人信息和遭受他人不当采集车联网个人信息等情形。实践中，当前关于不当采集车联网应用层数据的现象不时见诸报端。如 2020 年镇江警方破获一起非法获取近千万条车辆维保数据案，北京某信息技术公司私下买通多个汽车品牌 4S 店工作人员，"租用"其个人账号登录车辆数据查询系统，借助在工作人员电脑上安装一种特殊的透传软件这一"爬虫程序"非法获取维修记录、碰撞历史、保养记

---

❶ 李安. 人工智能时代数据竞争行为的法律边界［J］. 科技与法律，2019（1）：61-70.

❷ 陈际红. 大数据应用中数据收集的合法性分析［J］. 汕头大学学报（人文社会科学版），2017（5）：51.

❸ 周润健. 中国汽车信息安全共享分析中心发布汽车信息安全十大风险［EB/OL］.（2019-05-10）［2022-03-01］.https://baijiahao.baidu.com/s？id=1633123262879379162&wfr=spider&for=pc.

录等车辆维保信息,并将非法获取的车辆维保信息提供给多个二手车 App 服务商用于交易、评估业务,牟取巨额利润。❶ 在公安部督办的全国首例非法获取 4S 店车辆维修、保养数据案中,涉案单位和人员未经授权和允许,以开发外挂程序等方式非法获取 32 个汽车品牌的维修、保养等数据 155 万多条。❷ 梅赛德斯-奔驰一款专属的用来远程定位、解锁和启动汽车的 App 便出现错误显示其他车主资料等隐私数据泄露问题。❸

由于车联网存在车载计算机、导航设备、信息娱乐终端、移动通信设备等诸多用户终端以及应用软件,使得不同数据来源和数据环境下车联网个人信息保护路径有所差异。其一,对非法获取车联网个人信息且造成严重后果的,可通过《刑法》中的破坏计算机信息系统罪和非法侵入计算机信息系统罪等罪名加以规制。然而对一般侵犯车联网个人信息权益的行为,可通过隐私权和个人信息保护规则维护自身权益。其二,规模化的个人信息集合进行匿名化处理后,并不能得到个人信息保护规则的庇护,但可得到著作权法、反不正当竞争法等适度保护;对经过加工的车联网数据可通过数据财产权加以保护。未经数据处理者授权,不得随意使用其车联网数据。其三,"三重授权"原则在车联网个人信息保护领域的适用应保持一定谦抑性。在"新浪微博诉脉脉案"中提出了"三重授权"原则,明晰了第三方应用主体通过开放平台获取用户信息时,"用户、数据控制者、第三方"之间的授权规则,即"用户授权+(平台方/公司授权+用户授

---

❶ 胡冰心. 镇江警方破获一起非法获取近千万条车辆维保数据案[EB/OL]. (2020-09-22)[2021-09-15]. https://baijiahao.baidu.com/s?id=1678503036443190907&wfr=spider&for=pc.

❷ 靳静. 盐城检察机关依法对公安部督办的全国首例非法获取 4S 店车辆维修保养数据案 35 名被告人提起公诉[EB/OL]. (2018-01-12)[2021-09-15]. http://www.jsjc.gov.cn/toutiao/201801/t20180112_250207.shtml.

❸ 骇极安全. 梅赛德斯-奔驰 App 出现问题,将车主数据泄露给其他用户[EB/OL]. (2019-10-21)[2021-09-15]. https://www.sohu.com/a/348444754_675300.

权）"。"三重授权"原则体现了用户个人信息的高水平保护，兼顾了不同信息主体、数据经营者等不同主体的利益，但由于"三重授权"原则对数据采集提出了严苛的要求，可能会对数据流通设置过于严苛的条件，故实践中该原则多适用于车联网企业间未公开后台数据的流动，对公开的匿名化的车联网个人信息流动并没有太大的适用余地。

（三）不同法律对知情同意权的立体保护

虽然《民法典》《个人信息保护法》通过向个人信息主体赋权，构建信息主体与信息处理者之间的权利义务框架，达到对个人信息的私权保护，但除此之外，《网络安全法》《数据安全法》《刑法》等亦涉及对个人信息知情同意的保护。《网络安全法》规定具有收集用户信息功能的网络产品、服务须履行明示和经过用户同意的义务，并同时规定网络运营者收集、使用个人信息须明示收集、使用信息的目的、方式和范围，并经被收集者同意；并对泄露、篡改、毁损、窃取或者以其他非法方式获取个人信息的情形进行了明确规定。《个人信息保护法》第51条规定，"防止未经授权的访问以及个人信息泄露、篡改、丢失"。《刑法》第286条分三款对关于故意破坏计算机信息系统功能、故意破坏计算机信息系统数据和应用程序、故意制作、传播破坏性程序罪的犯罪及处刑进行了规定。工信部发布的《加强车联网网络安全和数据安全工作的通知》对涉及车内系统通信、关键设备和部件以及诊断接口、USB端口、充电端口等网络安全问题提出了明确要求，强调通过身份认证、加密等措施来防范信息伪造、数据篡改、重放攻击等安全风险；通过加强数据安全技术的应用来防范软件被伪造、篡改、损毁、泄露和病毒感染等风险以及恶意应用程序攻击和传播。《汽车采集数据处理安全指南》规定，未经个人信息主体单独同意，汽车不应通过网络向外传输包含其个人信息的车外数据，已进行匿名化处理的视频、图像数据除外；汽车不应通过网络向外传输座舱数据。

尤值一提的是，《个人信息保护法》和《网络安全法》虽然都有涉及个人信息保护的规定，但二者对个人信息保护的侧重点不同。《个人信息保护法》强调以权利的行使规范个人信息的获取和利用。《网络安全法》更侧重于网络安全监管，强调网络运营者、网络产品和服务提供者在获取和利用个人信息过程中所承担的责任。譬如，智能网联汽车已成为网络攻击的重点。就车联网网络安全整体来看，相关媒体报道，仅 2020 年 1—9 月，整车企业车联网信息服务提供商等所遭受到的恶意攻击达到 280 余万次，平台的漏洞、通信的劫持、隐私泄露等风险呈现蔓延态势。❶2021 年上半年，车联网平台的扫描探测、拒绝服务攻击、病毒木马植入等网络恶意行为超过 100 万次，涵盖了无线黑客攻击、密码破解、联网信息破解等网络攻击行为。❷如奔驰 E 级汽车存在十多个漏洞，这些漏洞使黑客可以远程打开车门并启动发动机。网络安全专家查利·米勒和克里斯·瓦拉塞克在家通过利用笔记本电脑操控一辆行驶中的切诺基吉普车，除了改变速度、刹车之外，还遥控车辆空调、雨刷器、电台等设备。❸车联网的网络攻击，给汽车安全带来严重危害的同时，亦给车联网数据安全造成重要隐患，进而侵犯个人隐私和个人信息。"皮之不存，毛将焉附"，车联网网络安全与车联网个人信息保护属唇亡齿寒的关系。当前，我国车联网数据安全和网络安全保护处于起步阶段，纵然《网络安全法》《个人信息保护法》《刑法》等对网络安全领域的个人信息保护进行了相应规定，亦应看到，车联网存在车内通信、车外通信、车际通信、车路通信等不同无线通信方

---

❶ 中新汽车．车联网成黑客新目标 今年检测到恶意攻击超 280 万次［EB/OL］．（2020-09-09）［2021-09-15］．https://baijiahao.baidu.com/s？id=1677332595488820475&wfr=spider&for=pc．

❷ 智车派．车联网恶意攻击行为频发 监测数据：上半年超 100 万次［EB/OL］．（2021-10-13）［2021-10-14］．https://3g.163.com/s_x/article/GM6BF2M505476C4F.html．

❸ 佚名．菲亚特克莱斯勒紧急召回 140 万辆车［EB/OL］．（2015-07-27）［2021-10-10］．https://www.sohu.com/a/24452581_211609．

式,且还存在诊断接口(OBD)、通用串行总线(USB)端口、充电端口等物理接口,网络安全领域的车联网个人信息保护较之一般个人信息保护具有特质性,在车联网网络安全标准体系不断完善的背景下,应在加强车联网网络安全法律制度建设的同时,针对不同的通信方式及对应的车联网个人信息形态,对网络安全领域的车联网个人信息保护予以一体规定,通过技术治理与法律治理相结合的方式,防范车联网个人信息泄露、毁损、丢失、篡改、误用、滥用等风险。

二、查阅权、复制权

《个人信息保护法》第45条明确规定,"个人有权向个人信息处理者查阅、复制其个人信息"。《汽车数据安全管理若干规定(试行)》第7条亦将"查阅、复制其个人信息以及删除车内、请求删除已经提供给车外的个人信息的方式和途径"作为汽车数据处理者履行告知事项的重要内容之一。查阅权主要指个人信息主体可就个人信息类型、来源、使用目的、已获得个人信息的第三方等状态进行查询。复制权主要指个人信息主体即车主就车辆硬件状况、控制软件状况、行驶状况、驾驶行为信息等数据进行复制的权利。当前,车辆大多具有远程获取车辆基本行驶信息的功能,查阅权和复制权作为个人信息权利的重要组成部分,关涉信息主体的利益。在"失控奔驰"事件中,车主质疑奔驰公司远程获取数据侵犯隐私、可能篡改车辆数据。❶ 在"特斯拉车主维权风波"中,车主要求提供事故发生前

---

❶ 刘亚洲."失控奔驰"车主质疑奔驰侵犯隐私 专家:远程获取数据功能很普通[EB/OL].(2018-04-09)[2021-09-15]. https://baijiahao.baidu.com/s?id=1597268250602840637&wfr=spider&for=pc.

半个小时的后台行车数据遭到特斯拉的拒绝。❶之后，特斯拉迫于压力公布了行车数据（车辆的原始信息数据以及将数据翻译成的文字），但维权车主方认为特斯拉未经同意公布行车数据，侵犯其隐私。❷

智能汽车涉及许多新兴技术，现有计算机行业的相关软件检测标准并不能精准匹配于智能网联汽车控制器软件测试标准之中，导致现有第三方检测机构难以获取全面的后台数据，只能通过原汽车厂商获得相关数据。故对于一些涉及个人信息的车联网数据，虽然车联网信息主体可通过OBD检测设备或其他检测设备进行查阅并复制，但对于涉及新兴智能网联汽车有关的车联网数据则只能通过原汽车厂商获取，车联网个人信息主体查阅复制权的实现便依赖于汽车厂商的配合程度。当前，我国现有法律法规将车联网个人信息查阅复制权内化于数据采集告知义务之中，并未对查阅复制权加以专门规定。关联个人信息的行车数据往往是车主维权的重要证据。如"特斯拉车主维权风波"中，车主若通过援引《产品质量法》❸《消费者权益保护法》❹等来主张自己权益，前提条件便是证明车辆是否存在缺陷，而完整的行车数据便是证明车辆是否存在缺陷的重要证据。现有

---

❶ 正商参阅.公布数据后，特斯拉维权车主新发声！行车数据意味着什么？[EB/OL].（2021-04-22）[2021-09-29]. https://baijiahao.baidu.com/s？id=1697754104131392845&wfr=spider&for=pc.

❷ 菏泽市人民检察院.维权车主方回应特斯拉公布行车数据：未经同意公布侵犯隐私[EB/OL].（2021-04-23）[2021-09-29]. https://baijiahao.baidu.com/s？id=1697826607001970311&wfr=spider&for=pc.

❸ 《产品质量法》第41条："因产品存在缺陷造成人身、缺陷产品以外的其他财产（以下简称他人财产）损害的，生产者应当承担赔偿责任。生产者能够证明有下列情形之一的，不承担赔偿责任：（一）未将产品投入流通的；（二）产品投入流通时，引起损害的缺陷尚不存在的；（三）将产品投入流通时的科学技术水平尚不能发现缺陷的存在的。"

❹ 《消费者权益保护法》第48条："经营者提供商品或者服务有下列情形之一的，除本法另有规定外，应当依照其他有关法律、法规的规定，承担民事责任：（一）商品或者服务存在缺陷的；……"

制度对此类行车数据是否属于个人信息范畴、查阅和复制的具体方式与途径、查阅期限的合理设置、使用（行驶）过程中产生的行车数据是否属消费者知情权范畴等问题并无明确规定，导致车主维权困难。譬如《关于征求〈信息安全技术 网联汽车 采集数据的安全要求〉标准草案意见的通知》规定"网联汽车采集的车辆位置、轨迹相关数据在车内存储设备、远程信息服务平台（TSP）中保存时间均不得超过 7 天"❶，在数据存储时间受到严格限制情形下，查阅复制权的行使时间与数据存储时间的平衡需要进一步细化。所以，车联网个人信息的准确界定、个人信息采集前告知、查阅与复制程序、举证责任倒置等配套性规则亟待完善，从而为查阅权、复制权的实现奠定法理基础。

三、撤销权、删除权

撤销权主要指车联网个人信息主体在作出授权同意后，可随时有权撤回对个人信息处理者和控制者的授权。删除权亦称被遗忘权，其主要权能是删除信息，即删除对信息主体具有不利影响的过往信息，被遗忘权不应作为一种独立的权利形态，它应当归属于个人信息权的范畴。❷ 被遗忘权是自然人信息主体享有的向互联网搜索服务提供商提出的，限制后者行使提供特定信息检索结果的表达权的一项对抗性质的特殊请求权。❸ 撤销权和删除权作为个人信息权的延伸，是个人信息自决在车联网领域的重要体

---

❶ 全国信息安全标准化技术委员会秘书处.关于征求《信息安全技术 网联汽车 采集数据的安全要求》标准草案意见的通知［EB/OL］.（2021-04-29）［2021-09-30］. http://www.cac.gov.cn/2021-04/29/c_1621273432655484.htm.

❷ 高完成,陈毅清."被遗忘权"究竟是怎样的权利［N］.检察日报,2016-08-08.

❸ 李立丰.本土化语境下的"被遗忘权"：个人信息权的程序性建构［J］.武汉大学学报（哲学社会科学版）,2019（3）：153.

现。值得注意的是，撤销权的对象是个人信息的授权，对他人在之前经过授权获得的个人信息并无溯及力。对于删除权而言，首先，删除权的行使亦须满足特定的条件，如超过授权范围所获得的个人信息。而对已匿名化的脱敏数据、影响汽车安全的数据、存储于后台的数据等的删除应当设置较为严苛的条件，妥善平衡个人信息主体、数据处理者、公众等之间的利益。其次，《汽车数据安全管理若干规定（试行）》规定，个人要求删除敏感数据的，汽车数据处理者应当在十个工作日内删除。而对于一般车联网个人信息的删除期限，并未直接规定。为确保删除权的实现，应明确车联网个人信息主体经请求删除后，车联网数据处理者的删除范围、程度、期限。最后，《汽车数据安全管理若干规定（试行）》仅规定了在采集数据前车联网数据处理者应告知信息主体删除车内个人信息、已经提供给车外的个人信息的方式和途径，对删除的程序、范围以及侵犯删除权的责任并未明确规定，使得删除权更多是一种宣示性规定。一般而言，对于存储于车内设备中的个人信息，车主个人删除便可实现；而对于后台数据以及提供给车外的个人信息的删除，删除权的实现便依赖于汽车厂商以及相关数据控制者，故对于该部分数据，须就删除的条件、程序、范围、责任等加以明确规定。与此同时，对于无人驾驶汽车，在对其进行转让或者停止租赁时，应有恢复"出厂设置"的选择权，确保原车主或相关主体及时删除个人信息。

四、车联网个人信息权的限制

车联网数据的采集权限既非漫无边际，亦非拘泥成例。对于车联网个人信息采集而言，一般须经过信息主体的授权，但在法定情形下，可不经信息主体的同意径直采集，此谓法定采集。《汽车数据安全管理若干规定（试行）》确立了车联网数据处理的车内处理原则、默认不收集原则、精度范围适用原则、脱敏处理原则。《车联网信息服务 用户个人信息保护要求》（YD/T 3751—2020）确立了车联网个人信息保护的权责一致、目的明确、选择同意、最少够用、公开透明、确保安全、主体参与、分级保护等八大原则。上述原则为车联网个人信息法定采集提供了基本遵循。譬如目的明确原则内蕴政府只能因特定目的收集个人信息，若用于其他目的或者另行传输均为禁止，除非该信息不具有可识别性或者经信息主体的明确同意。❶总体观之，车联网个人信息法定采集的法理基础在于法律的明确规定或授权。

（一）采集事由的法定化

所谓法定采集，主要指特定主体基于维护社会公共利益、社会秩序、国家安全等需要，依据法律法规予以采集的数据。当前，我国《居民身份证法》《征信业管理条例》《关于办理刑事案件收集提取和审查判断电子数据若干问题的规定》《电子商务法》《传染病防治法》《数据安全法》等相关法律法规不乏数据法定采集的相关规定，如对基于依法维护国家安全或者侦查犯罪、履行法定职责等须法定采集的情形进行了规定。《个人信息保护法》第18条规定，"个人信息处理者处理个人信息，有法律、行政法规规定应当保密或者不需要告知的情形的，可以不向个人告知前条第一款规定的事项"。国家标准《信息安全技术 个人信息安全规范》（GB/T 35273—2020）5.6部分，对个人信息控制者收集、使用个人信息不必征得个人信息主体的授权同意的情形，即"征得授权同意的例外"进行了规定。总体来看，个人信息的法定采集主要包括基于公共安全、社会秩序、国家安全需要；维护个人生命、财产等重大合法权益需要；维护国家安全

---

❶ WESTIN A. Privacy and Freedom [J]. Washington and Lee Law Review, 1968, 25：166.

或者侦查犯罪需要；从公开渠道收集；出于公共利益需要开展统计或学术研究所必要等情形。

除了政府机关采集车联网个人信息须获得法律法规授权之外，信息控制主体收集车联网个人信息亦须有法律的明文规定。车联网数据涉及个人信息的，适用《个人信息保护法》等关于法定采集情形的规定，但《个人信息保护法》不可能穷尽车联网领域的个人信息采集情形。《信息安全技术　个人信息安全规范》明确了征得授权同意的例外情形，包括与个人信息控制者履行法律法规规定的义务相关的；与国家安全、国防安全直接相关的；与公共安全、公共卫生、重大公共利益直接相关的；与刑事侦查、起诉、审判和判决执行等直接相关的；出于维护个人信息主体或其他个人的生命、财产等重大合法权益但又很难得到本人授权同意的。《汽车采集数据处理安全指南》明确规定"不应通过网络向外传输包含其个人信息的车外数据"和"不应通过网络向外传输座舱数据"的一般原则，并据此明确了例外情形。如已进行匿名化处理的视频、图像数据可向外传输；又如为实现匿名化处理功能、直接服务于驾驶人或乘员的功能、用户远程监控车内外情况和使用云盘存储用户数据等直接服务于用户的功能、按执法部门要求向外传输数据等，可通过网络向外传输座舱数据。

由此可见，对于车联网个人信息控制者而言，车联网法定采集事由主要包括进行匿名化处理需要的、履行法律法规规定的义务相关的；个人自行公开或者其他已经合法公开的个人信息；为应对突发公共卫生事件或者紧急情况下为保护自然人的生命健康和财产安全所必需；基于服务用户需要；基于行车安全需要；基于实现车辆运行基本功能需要等。通观《汽车数据安全管理若干规定（试行）》等当前车联网个人信息保护法律法规，对车联网个人信息法定采集情形语焉不详，仅仅依赖《个人信息保护法》所列举的法定采集例外情形加以适用捉襟见肘。在车联网个人信息保护法定采集规则体系构建中，应在车联网个人信息保护规则框架之下，充分吸收《信息安全技术 个人信息安全规范》《汽车采集数据处理安全指南》等技术标准中对车联网个人信息法定采集（例外）情形的规定，充实车联网个人信息保护法定采集规则，确保数据的合理合法采集，在数据安全与数据创新之间实现平衡。

（二）采集主体的法定化

法定采集主体主要包括政府部门和特定个人信息控制主体。对于政府部门采集车联网个人信息而言，须得到法律的授权。法律授权可分为概括授权与单一授权，前者主要指法律对权力作类型化概括并将这类权力授给有关组织；后者主要指法律对权力中单一的事项授给有关组织。❶以法律层次为线索，法律授权可细分为法律授权、行政法规授权、地方性法规授权和规章授权。如公安机关依据《刑事诉讼法》可以采集指纹、血液、尿液等生物样本；政府统计机构基于工作需要依据《统计法》可收集与统计有关的个人信息。

然而，车联网应用场景极为广泛，构建法定采集授权体系存在较大难度。一般而言，需要法律授权"国家机关以及法律、法规授权的具有管理公共事务职能的组织"来采集个人信息的情形主要包括，与国家安全、国防安全直接相关的；与公共安全、公共卫生、重大公共利益直接相关的；与刑事侦查、起诉、审判和判决执行等直接相关的；出于维护个人信息主体或其他个人的生命、财产；基于执法需要等。《汽车数据安全管理若干规定（试行）》对相关部门基于数据安全评估采集数据，汽车数据处理

---

❶ 胡建淼.如何理解法律授权［N］.学习时报，2020-12-09.

者的配合义务进行了规定。❶ 当前，我国现有的法律法规对车联网个人信息法定采集仍存在较大问题。其一，车联网个人信息可分为敏感信息、重要信息、一般信息三种，对于不同的信息形态，授权的范围、条件、程序并未形成衔接。其二，并未形成法律保留、法律优位的车联网个人信息法定授权体系。车联网个人信息保护规则作为个人信息保护法的"特别法"，集法律授权、行政法规授权、地方性法规授权和规章授权等于一体的层次递进授权体系尚存欠缺。其三，存在车联网个人信息越权采集、重复采集的现象。不同部门或同一部门基于不同的履职需求，对车联网个人信息的授权模式存在较大差别，一般而言，对于车联网个人一般信息的收集通过概括授权即可；而对于个人敏感和重要信息的收集则需要通过单一授权的方式，通过法律对授权的具体事项加以类型化规定。其四，对法规授权的具有管理公共事务职能等第三方主体的信息采集权限缺乏明确规定，容易造成越权采集的现象。

由于法定采集主体多涉及行政主体，车联网个人信息法定采集需要《个人信息保护法》和《行政法》等多重规范，在车联网个人信息规则完善中，应将《个人信息保护法》中的合法、正当、必要原则与以《行政法》为代表的公法中的合理原则、法律保留原则、法律优位原则、比例原则加以融合，明确法律授权采集个人信息的原则，规范车联网个人信息的采集程序，构建内容全面、层次递进的法律授权体系，实现公共利益维护与个人信息保护的平衡。

综合观之，当前，对车联网个人信息的保护主要集中于《个人信息保护法》《数据安全法》《刑法》，以及《汽车数据安全管理若干规定（试

---

❶ 《汽车数据安全管理若干规定（试行）》第15条规定，"国家网信部门和国务院发展改革、工业和信息化、公安、交通运输等有关部门依据职责，根据处理数据情况对汽车数据处理者进行数据安全评估，汽车数据处理者应当予以配合"。

行）》《电信和互联网用户个人信息保护规定》《移动互联网应用程序信息服务管理规定》《汽车采集数据处理安全指南》等规范性文件之中。但立法层次较低、体系较为零散、缺乏专门规定等问题较为突出，车联网个人信息保护的法律依据严重不足。在车联网个人信息保护的相关技术规范系统化不断推进的背景下，应加快政策的法律化、技术标准的法律化进程，尤其是应加快制定车联网个人信息保护专门性规则，围绕个人信息权，对车联网个人信息的界定、不同智能化程度的智能网联汽车个人信息形态和采集方式、不同通信技术下的数据和网络安全、不同数据周期下的个人信息利用规则等加以系统的规定，确保个人信息的有序保护和合理利用。

第三章

车联网数据产权治理之"数据产权论"

车联网数据在个人信息维度、数据产权维度、数据安全维度等具有不同的法律意涵，数据产权维度之下，主要聚焦财产权框架下车联网数据保护问题。党的十九届五中全会明确提出，建立数据资源产权、交易流通、跨境传输和安全保护等基础制度和标准规范，推动数据资源开发利用；《民法典》总则编第127条规定，"法律对数据、网络虚拟财产的保护有规定的，依照其规定"；这为车联网数据的产权化提供政策和制度基础。当前，《电子商务法》《网络安全法》《数据安全法》《个人信息保护法》等法律制度相继出台。然而，数据形态的复杂性决定了建立一个包罗隐私权、个人信息权、所有权、数据安全等在内的独立权利体系并不现实。"个人信息以大数据集合形态存在时方具有财产性价值，另起炉灶创设的数据财产权，不应将具有人格属性的个人信息权纳入其中。"❶ 有学者将数据划分为数据主体直接提供之身份识别类数据、控制者所能收集到的诸如行为类数据、经算法所得数据，并据此根据不同类型的数据来设置权利的先后顺

---

❶ 张忆然.大数据时代"个人信息"的权利变迁与刑法保护的教义学限缩——以"数据财产权"与"信息自决权"的二分为视角[J].政治与法律，2020（6）：55.

位。❶ 为更好地区分数据的人格属性和财产属性,应为企业而不是为个人设置数据财产权。❷

就车联网数据而言,对具有人格属性的车联网个人信息可参照个人信息权保护模式,而对具有财产属性的车联网数据集合则可纳入财产权体系之下加以保护。为与车联网个人信息加以区分,将可产权化的车联网数据统称为车联网企业数据。车联网企业数据可进一步细分为原生数据和衍生数据,但二者的异质性使得企业数据的保护难以通过单一的财产权利加以囊括。与此同时,随着人工智能的迅猛发展,车联网智能数据亦应运而生,如何在财产权框架下,统筹车联网原生数据、衍生数据、智能数据的保护关乎车联网行业的持续发展。

第一节　车联网可产权化数据分层界定

以主体为标准对数据进行的"个人数据、企业数据、公共数据"三分法,是当前对数据的典型划分。❸ 然而数据的"三分法",一方面,并未使数据分类完全落地,且该种划分具有较为浓厚的行政规制色彩,不利于数据私权属性的认定;另一方面,该种划分无法洞察数据的生命周期及形态演替逻辑。鉴此,学界不乏按照数据生命周期过程对数据予以分类。如有学者依据数据价值的实现过程将数据界分为原始数据生产(采集)阶段的数据、数据集生产(汇集性处理)阶段的数据和数据分析(分析性处理)

---

❶ MALGIERI G. Property and (Intellectual) Ownership of Consumers' Information: A New Taxonomy for Personal Data [J]. Social Science Electronic Publishing, 2016 (4): 133-138.
❷ 袁昊. 数据的财产权构建与归属路径 [J]. 晋阳学刊, 2020 (1): 103-111.
❸ 李扬, 李晓宇. 大数据时代企业数据边界的界定与澄清——兼谈不同数据类型之间的分野与勾连 [J]. 福建论坛(人文社会科学版), 2019 (11): 35-45.

阶段的数据。❶ 在数据采集、汇集（整理）、分析（加工处理）过程中，根据数据人格属性和财产属性、数据加工程度，将数据划分为"个人数据、原生数据、衍生数据"。❷ 车联网个人信息在前章已有论述，在此不再赘述。本章重点探讨车联网原生数据、衍生数据、智能数据的保护，并将原生数据和衍生数据统称为企业数据。

一、"原生数据"之车联网数据的规模化集合

"原生数据"对应于车辆自身数据、车辆环境数据以及合法获取且匿名化的车联网个人信息的规模化车联网数据集合。车联网数据事实上可划分为基础属性类、车辆工况类、周围环境感知类、车控类、应用服务类、用户个人信息类等类型，如前所述，数据在尚未集合之前，除了车联网个人信息之外，单一的其他类型数据并无法律评价必要；而一旦借助云计算等技术将众多车联网数据集合形成车联网大数据，便需要重新审视车联网大数据状态下的法律意义。依据数据加工程度不同，数据产品不仅可以包含数据"质"的改变，也可以仅是数据"量"的集聚。汇集型数据产品指网络运营商对于原始数据进行汇集加工形成的产品，演绎型数据产品指网络运营商对原始数据进行深度加工、演算分析后形成的数据产品。❸ 车联网数据规模化集合在个人信息维度、数据安全维度、数据产权维度具有不同的法律评价意义。在位阶上，个人信息维度、数据安全维度要高于数据

---

❶ 高富平.数据生产理论——数据资源权利配置的基础理论[J].交大法学，2019（4）：5-19.

❷ 杨立新.衍生数据是数据专有权的客体[N].中国社会科学报，2016-07-13；李德恩.数据权利之法律性质与分段保护[J].理论月刊，2020（3）：113-123.

❸ 毛立琦.数据产品保护路径探究——基于数据产品利益格局分析[J].财经法学，2020（2）：94-109.

产权维度。规模化的车联网数据集合若构成重要数据,须受重要数据保护规则的约束;若未进行数据脱敏,则可能受到个人信息保护规定的约束。从数据产权维度谈论规模化的车联网数据集合须以不违反个人信息、数据安全保护相关规定为前提。

当前,车企逐渐开始关注车联网数据的重要性,并逐步建立起统一的数据采集/分析平台,信息孤岛现象不断被打破。车联网复杂的应用系统,可产生诸如车联网研发数据、厂/4S店数据、车辆数据、个人信息数据、环境数据等。随着车联网数据行业的不断发展,车联网数据价值日益凸显。数据产权维度下,规模化车联网数据集合所呈现的形态多样,产权性质亦颇具差异。

车联网规模化数据集合即原生数据存在小数据和大数据之分。个人信息语境下,"小数据集合主要指针对个体用户的全方位、多层次行为模式和情感感知的数据集合,进而可以精准判断和预测用户的行为规律和偏好,进而开展精准营销和个性化服务"❶。车联网语境的小数据集合并非指用户个人信息的集合,主要指剔除个人信息后的CAN数据、车辆行驶基础数据、位置信息、车辆运行画像数据、车辆驾驶行为数据等单车数据的集合,即对单车某一种数据或多种数据加以集合所呈现出来的数据形态。一般而言,车企免费提供给车主的数据权限较为有限,诸如即时速度数据、油量数据等会显示给车主,而对诸如车辆预警数据、驾驶行为数据等则不会显示给车主,从而为数据的价值变现留下了口子。如iTINK智科车联网数据开放平台,采用互联网主流、标准、开源技术架构,通过T-BOX与整车深度集成将采集的位置信息及上千条车辆数据进行大数据分析,实现车辆实时数据、位置实时显示,车辆行程、画像历史数据实时回

---

❶ 张素华,宁园.论数据利益的保护路径——以数据利益的解构为视角[J].私法,2019(1):49.

顾。iTINK 智科所提供的数据服务主要包括车辆运行数据和车辆运营数据，前者包括车联网当前和实时位置信息、车辆实时和历史 CAN 数据、车辆实时和历史报警数据；后者主要包括车辆行驶基础数据、车辆运行画像数据、车辆驾驶行为数据、车辆每日和每月行驶数据。获取上述数据的费用在 0.1 元 / 次 ~ 10 元 / 次不等。值得注意的是，iTINK 智科的数据产品主要针对单车数据项，并不属于严格意义上的车联网衍生数据，而属于车联网原生数据范畴。与车联网小数据集合关注单车数据样本不同，车联网大数据集合则关注同一车型或不同车型的全样本数据，一般以尚待挖掘的具有一定价值的海量数据形态呈现。尤其是随着汽车的不断智能化，车外数据处理的比重不断增加，海量数据往往掌握在车企和相关服务平台手中，以数据库、数据池、数据仓库等形态存在的规模化数据集合的经济价值日趋凸显。

二、"衍生数据"之车联网数据产品

衍生数据指海量的原生数据经过算法加工、计算、聚合而形成的系统的、可读取、有使用价值的数据。❶ 在"淘宝（中国）软件有限公司与被告安徽美景信息科技有限公司不正当竞争纠纷一案"中，法院在判词中提到，巨量原始网络数据通过诸如算法等深度分析过滤、提炼整合以及匿名化脱敏处理后而形成的预测型、指数型、统计型的衍生数据，其以趋势图、排行榜、占比图等图形呈现。❷ 较之原生数据，"衍生数据"主要指经过深度加工的车联网数据产品，可表现为行驶区域热力图、预测性维护、

---

❶ 杨立新，陈小江．衍生数据是数据专有权的客体［N］．中国社会科学报，2016-07-13．
❷ 浙江省杭州市中级人民法院民事裁定书（2018）浙 01 民辖终 684 号。

异常轨迹检测、驾驶行为分析、分时租赁区域查车、路径规划、用户分析、运力分布、驾驶行为习惯分析等,其侧重于总体趋势、规律的评价,除了针对车联网用户的个性化服务,还包括宏观决策、规划制定、市场营销、商业布局等。如根据海量的车辆时速来对交通实时情况加以判定;又如"基于车联网数据可以提取出与风险相关的车辆行驶里程,行驶区域面积,车辆使用时间,分段行程信息,行驶速度信息,道路类型信息,以及在不同时间段和道路类型上驾驶时间的分布等七类指标共 156 个因子,建立损失预测模型,进而为保险业定价、风险评估提供依据"❶。还如特定品牌的车企制作该车型行驶轨迹、最热门出行景区、最佳热播歌曲等可视化图表等。当前,亦存在着相关车联网衍生数据运营主体。彩虹无线(北京)新技术有限公司作为前装车联网大数据价值创造的服务运营公司,整合主机厂及第三方数据提供商的数据资源,通过大数据分析和挖掘建模,向车厂内外部提供创新型产品及个性化服务、UBI 车险、面向车厂的大数据综合平台服务、面向用户的汽车生活游戏化服务及运营等。譬如针对需求处理和采取整合这些场景需要的相关数据,构建数字化营销服务规划、个性化主动服务规划、数据驱动研发场景规划等。衍生数据的运用场景因此得以不断丰富。

三、"智能数据"之车联网智能生成物

如前所述,按照汽车驾驶自动化程度不同,可划分为 L0~L5 六个等级,其中 L3/L4/L5 属于自动驾驶范畴。自动驾驶技术的数据主要来源于车

---

❶ 孟生旺. 车联网大数据分析与汽车保险定价 [EB/OL]. (2017-04-01) [2021-12-26]. https://www.pcauto.com.cn/drivers/971/9714132.html.

辆自身的传感器对环境数据的收集和通过联网从云端传输的数据。❶随着车联网技术的不断发展，车内数据处理比重逐渐减少，诸如CAN总线或将退出历史舞台，取而代之的是车外数据的即时通信处理，将数据上传至云端加以处理并及时反馈车内情况或远程控制车辆。然而，在强人工智能时代，自动驾驶汽车将产生海量数据，数据的归属如何确定目前鲜有研究。2018年10月，在欧盟关于自动驾驶车辆注册的投票中，曾提出了"自动驾驶汽车的自动生成数据并不具有独创性，不属于创造性工作，应排除在版权保护或数据库权利之外"的修正案也即7a条款，但最终被推翻，反而决定车辆产生任何遥测数据的版权皆由汽车制造商（车企）享有。❷具言之，按照欧盟该项决定，对于单车事实数据，纵然是车联网数据是自动生成的，但由于价值不大且数据生成并未融入车主的主观意志或智力活动，故对于单车事实数据难以获得版权保护。而对于汽车制造商、相关服务商等汇集的车联网数据，欧盟表现出截然不同的态度，认为可获得版权的保护，但数据权利由汽车制造商享有。

第二节　低级智能图式下车联网企业数据的产权化

如前所述，车联网数据理论上可划分为原生数据、衍生数据、智能数据，然而欲厘清不同类型车联网数据的法律性质，须将车联网数据与不同制度调整对象中权利义务所指向的对象加以匹配。

---

❶ 雷先华，戴安妮，陈宇奇. 自动驾驶汽车数据采集系统的应用研究［J］. 时代汽车, 2020 (24): 181-182.

❷ TORCHINSKY J. EU Rules That any Data Your Autonomous Car Generates Can Be Copyrighted By the Carmaker［EB/OL］.（2018-10-10）［2021-12-20］. https://jalopnik.com/eu-rules-that-any-data-your-autonomous-car-generates-is-1829666845.

一、车联网企业数据的法律定性争论

在数据权利化方兴未艾之际,车联网数据在客体属性上交织着物、作品、商业秘密、数据专营资产、竞争性利益等不同维度的概念,使得车联网数据的法律定性充满未知定数。

(一)物

对数据的定性,学理上不乏从所有权体系之下的物加以判定。物权的客体不仅包括有体物,亦包括光线、电力、热能等无体物,从而为数据的物权保护提供了逻辑切口。有学者认为,企业数据财产权具有所有权的属性,数据控制者可基于该权利对数据集合行使占有、使用、处分和收益等权能。❶ 亦有学者认为,数据用益权作为新兴财产权,根据相关主体对数据生成的贡献程度不同,应当设定数据所有权与数据用益权这类二元权利结构,以实现数据原发者和数据处理者在数据财产权益分配之间的均衡。❷ 纵然,数据的物权保护在数据保护体系之中占有一席之地,但基于数据的无形性、复用性、时效性等特征,数据的物权保护亦颇受指摘。有学者认为,使用者无法改变物权法客体之一的无体物数据,而数据内容的改变则具有较大的随意性。如电力、热能等属于一次性消耗产品,而大数据具有复用性。❸ 虽然数据的载体都属于法律体系中的有形财产范畴,并可以通过物权规则进行规范,但数据本身并没有有形物的特征,难以通过物权法

---

❶ 许可. 数据保护的三重进路——评新浪微博诉脉脉不正当竞争案[J]. 上海大学学报(社会科学版),2017(6):15-27.
❷ 申卫星. 论数据用益权[J]. 中国社会科学,2020(11):120.
❸ 范江波. 以个人数据权益保护为核心的大数据权益保护研究[J]. 信息安全研究,2021(7):1169.

进行调整和规范。❶可见，车联网数据的无形性、非易耗性等特征，与物权制度中的"物"的概念相去甚远，通过所有权对车联网数据加以保护并不具有逻辑自洽性，尤其是混淆了数据利益控制和信息利益控制问题。

（二）作品

作品作为各国著作权法所保护的客体，是各国著作权法的核心和基础，其决定了著作权制度的构成与发展。❷作品作为著作权法的客体，某一创作成果能否得到著作权法保护，是否满足作品的构成要件便是前提条件之一。同理，车联网数据能否得到著作权法保护，须分析车联网数据是否构成作品。企业数据尤其是衍生数据固然具有作品的部分特征，但思想或感情的表达以及应当具有独创性是构成作品的重要要件。

独创性是作品的重要构成要件，以是否构成作品为线索论证车联网衍生数据的知识产权保护，须以独创性、是否属于创作等作为切入点。人们对车联网衍生数据是否存在独创性、是否为思想情感的表达等问题的争议，影响了车联网衍生数据在知识产权体系之中的安置。如有学者提出，数据大多是机器自动生成、关于客观事实的记录，不属于智力成果，也不具有独创性。❸就车联网衍生数据而言，第一，关于车联网数据收集、整理、编排过程中，数据控制者并未参与思想情感表达，不属于创作的问题，著作权法意义下最终形成的表达分可分为"拥有无限选择空间的表达、具有有限选择空间的表达和只有唯一选择空间的表达"三类，只有唯一选择空间的表达自然不具有独创性，不可能构成作品。❹车联网衍生数

---

❶ 白莉华，申锷，杨军，等.生物样本库大数据的伦理与法律问题研究［J］.中国医学伦理学，2017（10）：1208.

❷ 戴哲.论著作权法上的作品概念［J］.编辑之友，2016（5）：89.

❸ 卢扬逊.数据财产权益的私法保护［J］.甘肃社会科学，2020（6）：133.

❹ 孙山.体育赛事节目的作品属性及其类型［J］.法学杂志，2020（6）：21.

据作为一种数据集合，对数据内容的选择、处理、加工存在一定的选择空间，体现出一定的智力表达。第二，车联网衍生数据的生成伴随着资源不断投入，激励创作与保护投资皆是著作权保护的旨趣，如将视听作品的权利归属一般确定为制片人便是例证。较之原始数据主体，数据控制者对数据的利用更为高效，也更有动力对数据进行投资。所以，赋予数据控制者车联网衍生数据权，有利于数据市场的繁荣。诚如有学者所言，衍生数据是数据分析师将无数松散、无序、未处理的数据点按照重要性和信息间的关系加工成信息流进而形成有价值的数据集合，契合著作权（邻接权）保护投资人的实质性投资和劳动的理念。❶第三，关于车联网衍生数据独创性问题，不同作品类型的独创性要求颇具差异，应以"独创性的有无"而非"独创性的高低"来作为判断作品独创性的依据。有研究认为，概念化地理解"作品"的逻辑根源，进而文学化、浪漫化地理解著作权法意义上的"创作"并不妥当，应结合创作难易程度、投入成本、同类智力表达的供应量、商业上的成功、艺术美感、市场价格、受欢迎程度等综合判断独创性。❷车联网衍生数据作为数据加工的集合产物，基于企业投入的大量劳动和投资，使其具有较高的使用价值，该劳动成果凝聚了数据企业的挖掘、分析、加工等智慧，体现出一定的独创性。所以，车联网衍生数据满足作品构成要件情形下，应该得到著作权保护。

(三) 商业秘密

《反不正当竞争法》第9条将商业秘密定义为，"不为公众所知悉、具有商业价值并经权利人采取相应保密措施的技术信息、经营信息等商业信

---

❶ 祝艳艳.大数据时代企业数据保护的困境及路径建构［J］.征信，2020（12）：36.
❷ 熊文聪.大数据是否适用著作权保护？［N］.中国知识产权报，2020-12-23.

息"。秘密性、价值性、保密性是商业秘密的主要特征,该特征亦是获得商业秘密保护的前提条件。对于以数据形式存在的技术信息、经营信息等商业信息,若符合商业秘密的保护条件,亦可得到《反不正当竞争法》的保护。对于企业数据的商业秘密保护问题,学者进行了相关讨论。有学者提出,非公开的企业数据可通过商业秘密保护;半公开的数据库数据可通过类似欧盟的数据库特殊权利保护;公开的网络平台数据,可通过竞争法保护。❶ 亦有学者提出,商业秘密与数据在客体、范围和内容方面高度契合,适用商业秘密法保护数据财产权益,具有较低的制度成本。❷ 承前所述,本书语境下所讨论的车联网数据商业秘密范围包括基于车联网体系运行中所生成的个人信息、车况数据、人车交互数据、周围环境感知数据等类型,而不包括在智能网联汽车的设计、生产、销售、运营、管理中所产生的公司经营规划、工厂图表、装配线原理图、机器人配置和文档以及ID徽章请求表、VPN访问请求表、合同信息、发票、工作计划和其他客户资料等基于企业经营和管理所产生的技术性资料的数字化内容。如特斯拉、丰田、大众等工厂记录文件曾遭泄露,却未能得到商业秘密保护。❸

数据本身可能属于技术信息而得到商业秘密的保护。❹ 车联网数据商业秘密保护范围主要指基于车联网技术所生成的数据中所含有的技术信息、经营信息,如车况数据、人车交互数据、周围环境感知数据之中所蕴

---

❶ 丁晓东.论企业数据权益的法律保护——基于数据法律性质的分析[J].法律科学(西北政法大学学报),2020(2):90.

❷ 卢扬逊.数据财产权益的私法保护[J].甘肃社会科学,2020(6):137.

❸ 多家车企数据遭泄露 涉及通用、福特、丰田等[EB/OL].(2018-07-23)[2022-01-02].https://www.aqsiqauto.com/newcars/info/2657.html.

❹ 2020年最高人民法院《关于审理侵犯商业秘密纠纷民事案件适用法律若干问题的规定》(法释〔2020〕7号)第1条明确规定:"与技术有关的结构、原料、组分、配方、材料、样品、样式、植物新品种繁殖材料、工艺、方法或其步骤、算法、数据、计算机程序及其有关文档等信息,人民法院可以认定构成反不正当竞争法第九条第四款所称的技术信息。"

含的商业秘密。如随着我国智能网联汽车测试示范区范围不断扩大，测试过程中所生成的数据便属于企业的重要资产，可能构成商业秘密。《加拿大智能汽车测试指南》明确规定，管理机构非必要并不能强制智能汽车测试主体提供敏感以及涉及商业秘密的信息。又如车企后台所掌握的车况数据、驾驶行为数据、故障数据亦可能构成商业秘密。然而，车联网数据是否属于商业秘密需要较为复杂的认定，如基于黑客攻击，车联网数据有被泄露的危险；所汇集的数据是否具有经济价值，尚存争议；保密措施如何界定尚未达成共识，单独数据的公开并不意味着含有该单独数据的规模化集合公开。在"酷米客诉车来了案"中，被告元光公司的智能公交App"车来了"作为公交信息查询软件，通过网络爬虫技术非法抓取谷米公司"酷米客"软件的实时公交信息数据，虽然法院最终将该数据界定为无形财产，认为被告元光公司构成不正当竞争，但并未认为该数据属于商业秘密。用户数据是否构成商业秘密，理论和实践尚存争议。在"上海高院判决万联公司诉周某民等侵犯商业秘密纠纷案"中，法院认为，用户数据库中的注册用户信息，包括用户名字段、注册密码字段和注册时间字段等信息，构成商业秘密。综合观之，数据的公开性与商业秘密的秘密性、商业秘密保密措施的高成本与数据流通的自由性、商业秘密保护的被动性和数据保护的主动性等之间的冲突，使得车联网数据的商业秘密保护具有较大的局限性。

（四）数据专营资产

数据作为一种重要的生产要素，其基础性资源和战略性资源地位日趋明显，不乏有学者将其作为一种专营资产看待。在数据资产化背景下，基于数据经营和利益驱动影响，应分别配置数据经营权和数据资产权，其中，"数据经营权具有某种专营权的性质，具有特定事项的专向性和排他性，是依据法律授权或行政特许方式设立的，而数据资产权是法律对数据经营者的数据资产化经营利益的一种绝对化赋权"❶。然而，一方面，数据专营意味着包含诸如隐私信息、个人信息的原始数据相关权利皆让渡至政府，排除了数据的产权化可能，尔后再由政府通过行政许可的方式特许给相关主体经营，这显然与数据生成和保护逻辑存在冲突；另一方面，如前所述，数据经营者对数据的利益受到诸如隐私权、个人信息权等在先权利的制约，径直将其定性为绝对性权利，有失偏颇。

（五）竞争性利益

在知识产权与反不正当竞争法的关系中，反不正当竞争法更多定位于兜底性保护的角色。有学者认为，数据在通过知识产权保护的同时，对不符合知识产权保护要求的数据，在存在值得法律保护的财产性利益或竞争性利益时，可纳入反不正当竞争法保护。❷司法实践中，将数据作为一种竞争性利益的案例不乏其例，但在法律适用上仍主要依据《反不正当竞争法》一般条款。在"新浪微博起诉脉脉抓取使用微博用户信息案"中，新浪微博以脉脉非法抓取了其教育信息、职业信息以及手机号信息等高级权限下才能调取的信息构成不正当竞争，而对簿公堂。在"大众点评诉百度不正当竞争案"中，对百度公司在百度地图援用大众点评网中食客对该餐厅点评信息的行为，大众点评就用户点评信息向法院主张著作权及竞争法下的权利，最终被法院认定涉案行为构成不正当竞争。可见，在数据财产权尚未建立的情形下，反不正当竞争法可作为兜底性保护措施作为权宜之计，但较之财产权保护路径，反不正当竞争法在保护力度和范围方面具有较大局限性。

---

❶ 龙卫球.数据新型财产权构建及其体系研究［J］.政法论坛，2017（4）：75.
❷ 冯晓青.数据财产化及其法律规制的理论阐释与构建［J］.政法论丛，2021（4）：92.

综合观之，车联网数据的不同法律定性，使得车联网数据保护在物权、著作权、商业秘密、专营规制、不正当竞争等之间路径选择上游移不定。

二、车联网企业数据法律保护模式诘问及评价

当前，对企业数据的法律定性众说纷纭，与之相对应，数据法律保护路径亦颇具差异，主要存在数据合约、行为控制、产权保护等几种模式。车联网数据作为数据的一种重要类型，数据保护范式为车联网数据法律保护提供了基本理论范式。

（一）"数据合约"模式

鉴于数据定性的漂移不定，学理上不乏将数据的获取和利用交给市场的主张。有学者认为，权利保护并无存在之必要，建议通过合同对数据加以保护，确保数据的流通和利用。如有学者认为，依靠传统财产权路径，存在阻碍数据流通、权利配置存在障碍等问题，数据治理合同路径更契合当前数据经济的发展。[1] 类似的观点还如通过赋权模式保护数据隐藏着逻辑漏洞与风险，并可能制约数据、人工智能行业的发展，以合同为中心的中间权模式不失为一条较为妥适的路径。[2] 纵然通过合同保护可克服权利保护所存在的排他性不足、权利公示困难等问题，如"数据合约"保护模式绕过权利保护，寄希望于合约对数据交易方的行为加以一定规范，具有一定的灵活性，但通过合同保护亦存在具有相对性、产权不清晰导致

---

[1] 金耀.数据治理法律路径的反思与转进［J］.法律科学（西北政法大学学报），2020（2）：85.

[2] 张素华，李雅男.数据保护的路径选择［J］.学术界，2018（7）：60.

数据交易成本过高、数据投资激励不足等问题，反而制约着数据的创新和流通。

(二)"行为控制"模式

有学者认为，应根据数据的不同类型采取不同的保护方式，如立法赋权模式和行为规制模式。❶ 当前，诸如不当获取、使用、公开、屏蔽数据等大数据领域的不正当竞争行为开始蔓延。按照"数据权属—数据获取与使用—数据控制"的规则框架，数据财产权与反不正当竞争法两种保护可相得益彰。❷ 数据权利付之阙如背景下，在反不正当竞争案件中，法院和当事人往往规避数据权属争议，而另辟蹊径，将数据作为企业经营的核心竞争资源，确保反不正当竞争法在数据领域的适用。❸ 但竞争法控制模式下将数据视为一种竞争法益，以保障数据的占有或控制为中心，侧重于对数据获取、利用等行为的评价，并不能对数据本身的价值加以充分考量。

(三)"产权保护"模式

"数据合约"模式和"行为控制"模式，并未将数据作为权利客体，使得数据无法得以全面的保护。伴随着数据价值的日益凸显，将数据保护上升为权利层面的呼声不断高涨。当前数据的产权保护主要存在混合保护、场景保护、专门保护三种模式。

1."混合保护"模式

正如著作权蕴含人身权和财产权一样，"混合保护"模式欲使数据的

---

❶ 宁立志，傅显扬.论数据的法律规制模式选择[J].知识产权，2019(12)：32.

❷ 曹胜亮，张晓萌.人工智能时代数据竞争的法律规制[J].学习与实践，2019(10)：83.

❸ 仲春.数据不正当竞争案件的裁判规则[J].人民司法，2019(10)：16-21.

人格属性和财产属性统一于单一权利体系之下。当前学理上虽然考虑到数据人格属性和财产属性分离的必要性，但仍然建议设置一个集合性、概括式的数据权，并下设若干子权利，以期将不同的数据形态纳入一体进行保护。如有学者认为，数据权利是具有财产权属性、人格权属性、国家主权属性的新型民事权利。❶ 数据权具体权能主要包括数据资源所有权、采集权、使用权、被遗忘权、隐私权和处置权等民事权利。❷ 将不同数据的形态纳入一个抽象数据权之中是否妥适值得商榷。诚如有学者所言，判断两个不同的行为资格是分属同一权利的不同权能，抑或两个独立的权利，可以支配对象是否同一为基本标准，支配对象同一者为同一权利的不同权能，反之则为不同的权利。❸ 尤其是人格的非财产性和隐私的非公开性无法容纳个人数据的公开商业利用行为，数据权利处于财产性与人格性、公开性与隐私性两相叠加的混合状态。❹ 由此可见，数据形态的复杂性，决定了建立一个包罗隐私权、个人信息权、所有权等在内的数据权并不现实。"个人信息以大数据集合形态存在时方具有财产性价值，数据财产权不应将具有人格属性的个人信息权本身纳入其中。"❺ 为更好区分数据的人格属性和财产属性，"应为企业而不是为个人设置数据财产权"❻，个人信息应从可产权化数据之中剥离开来。换言之，车联网数据的产权化对象只能是企业数据而非个人信息，"混合保护"模式混淆了车联网个人信息保护和车联网企业数据保护之间的界限，若以此种方式对车联网数据加以保护

---

❶ 李爱君. 数据权利属性与法律特征［J］. 东方法学，2018（3）：64–74.
❷ 童彬. 数据财产权的理论分析和法律框架［J］. 重庆邮电大学学报（社会科学版），2019（1）：53.
❸ 张黎. 大数据视角下数据权的体系建构研究［J］. 图书馆，2020（4）：25.
❹ 齐爱民. 私法视野下的信息［M］. 重庆：重庆大学出版社，2012：219.
❺ 张忆然. 大数据时代"个人信息"的权利变迁与刑法保护的教义学限缩——以"数据财产权"与"信息自决权"的二分为视角［J］. 政治与法律，2020（6）：56.
❻ 袁昊. 数据的财产权构建与归属路径［J］. 晋阳学刊，2020（1）：103–111.

将可能模糊车联网数据的人格属性和财产属性，不利于车联网数据的产权化进程，阻碍数据的流通和共享，进而桎梏车联网产业的发展。

2. "场景保护"模式

数据作为一种新型生产要素，一些学者建议采取迂回式的温和保护方式，即根据数据处理、加工不同环节的价值成果或要素，适配现行法律制度加以分别保护。"数据权益可分为个人数据主体的数据人格权益，衍生数据处理者的数据财产权益以及公共数据之上社会大众的公共利益。"❶ 如有学者认为，各类数据可能存储在云端服务器上，也可能显示在智能终端屏幕上，穿梭于传输的管道中，集中在非特定位置的数据，可通过抽象的集合性财产权利加以保护。❷ 企业数据应当进行类型化与场景化保护。基于场景应用的分别保护模式下，对数据人格属性和财产属性、形式层面的数据与内容层面的信息之间的区别并未加以严格区分，而是通过现有法律制度对数据生成、生产、加工等不同的价值形态分别通过现有制度采取要素保护。由于该种保护模式采取碎片化保护策略，极易产生保护"一处"而不及"全身"的被动局面，没有考虑数据的独立性财产价值。

3. "专门保护"模式

数据财产权就其主体而言，包括数据资源初始占有者、持有者、管控者，数据开发、利用及经营者；就其权能而言，包括持有、管控、收益等权能。❸ 当前，学理上对企业数据作为一项财产权进行了"所有权新型权利"模式、"专营权新型权利"模式、"无形产权"模式等不同层面的探讨。值得注意的是，有学者虽然提出了企业数据新型财产权，并指出其所

---

❶ 崔淑洁.数据权属界定及"卡-梅框架"下数据保护利用规则体系构建[J].广东财经大学学报，2020（6）：82-83.

❷ 胡凌.论赛博空间的架构及其法律意蕴[J].东方法学，2018（3）：95.

❸ 徐汉明，孙逸啸，吴云民.数据财产权的法律保护研究[J].经济社会体制比较，2020（4）：186.

指向的权利客体是作为无形物的数据或信息,但对该权利纳入何种体系之中语焉不详。❶ 鉴于所有权和专营权保护模式,与数据的无形性、复用性等特征存在较大出入,学理上更青睐于无形产权保护模式。无形产权保护模式可进一步细分为商业秘密保护方式、著作权保护方式、知识产权新型权利保护方式等几种类型。如学理上对数据库保护从汇编作品或邻接权的角度讨论甚多。然而,无论是通过汇编作品保护抑或是通过邻接权保护,皆对衍生数据信息层内容的关注甚少,如汇编作品保护方式下的客体偏向于结构化的数据,无法延及占有较大比重的非结构化数据,且无法对不体现独创性编排形式的衍生数据集合加以保护;邻接权保护可能更多以对数据的投入程度来决定保护水平,而忽视衍生数据自身的价值,且邻接权主要针对作品传播者所享有的权利,通过邻接权保护将会产生衍生数据之上已存在作品的推论。对于知识产权新型权利保护方式而言,有学者据此建议将衍生数据作为一种新型知识产权客体,但在符合著作权、专利权、商业秘密权等某项权利类型保护条件时,可由当事人选择具体保护方式。❷ 衍生数据与知识产权有着天然的共性,将衍生数据作为知识产权契合数据保护趋势,但在制度设计时,应将衍生数据与传统知识产权客体范围区分开来。

三、车联网企业数据的权利保护路径

车联网企业数据形态的多样性,决定了对其并无固定的保护范式,须

---

❶ 赵锐,侯晓娜.企业数据的立法保护困境及法律构造[J].南京理工大学学报(社会科学版),2020(6):7-13.
❷ 王德夫.论我国"大数据战略"背景下社会创新的制度保障:以知识产权为视角[J].南京理工大学学报(社会科学版),2019(3):32-33.

根据不同数据形态加以分层式、场景式保护。

(一)剥离：车联网个人信息的产权化排除

从我国当前制度实践观之，对个人信息和企业数据采取了不同的保护路径。个人信息具有较强的人格属性，我国主要通过《民法典》《个人信息保护法》等加以保护，其在保护方式、保护范围等方面与企业数据保护颇具差异。较之企业数据，个人信息的获取和利用苛以较为严格的限制。纵然，学理上对个人信息财产权亦进行了较多讨论❶，代表性观点如"应为个人信息主体而非数据经营者赋予个人信息财产权"❷。然而，个人信息财产权与企业数据财产权属于不同的范畴，"个人信息财产权是信息主体对个人信息商业价值的支配权，且只能存在于商业利用过程中"❸，是对个人信息权中所蕴含人格权和财产权予以的区分，其本质是信息主体对同一信息对象所主张的不同权利。对个人信息主体是否赋予财产权在学界争议较大，尤其是单个信息的价值和聚合个人信息的价值不可等量齐观，若对价值不大的个人信息明确财产权，将会造成信息确权成本、信息利用成本过高等问题。正因如此，我国《民法典》并未对个人信息财产属性予以明显关注，而是侧重于个人信息人格属性的保护。是故，本书在讨论车联网数据财产权过程中，并不涉及车联网个人信息财产权的讨论。

---

❶ 相关文献可参见：姬蕾蕾.大数据时代个人信息财产权保护研究[J].河南社会科学，2020(11)：21-30；郭如愿.大数据时代个人信息商业利用路径研究——基于个人信息财产权的理论检视[J].科技与法律，2020(5)：75-83；叶敏，李安阳.论个人信息利益分享权的可行性与实现路径[J].中国高校社会科学，2020(5)：50-57；李媛.个人信息利益的法律保护——以信息财产权理论为视角[J].中国人权评论，2018(1)：42-52.

❷ 邢会强.大数据交易背景下个人信息财产权的分配与实现机制[J].法学评论，2019(6)：104.

❸ 项定宜.论个人信息财产权的独立性[J].重庆大学学报(社会科学版)，2018(6)：173.

企业数据财产权是在剔除可识别性个人信息后的集合性数据，应对拥有主体赋予相应的财产性权利。由此可见，车联网数据的产权化对象主要针对的是包括原生数据和衍生数据在内的企业数据，而不包括车联网个人信息，否则将引起人格权与财产权的混同。在本书语境下，车联网个人信息采取个人信息保护规则加以单独保护，车联网数据财产权的保护主要针对数据脱敏或去可识别性后的原生数据和衍生数据。

（二）分层：车联网原生数据与衍生数据

车联网原生数据和衍生数据虽可统称为车联网企业数据，但二者并不能统一于单一财产权体系之中，须分层加以单独的法律评价。就原生数据而言，作为一种数据集合形态，是海量数据的系统呈现。集合内的单个数据因信息量少、缺少经济价值等难以获得独立保护价值。"只有大量信息汇总成数据池才能作为一个商业上有价值的单位和集合进行挖掘和交易，单条或少量信息仅在特殊情形能成为作品、国家秘密、商业秘密或人格权而得到相关权利的保护，承认一种以数据池为基础的信息产权至关重要。"❶ 车联网单车数据由于价值相对较小，难以获得单独法律保护。而经过汇聚的车联网数据，由于具备一定的商业价值，可在特定情形下得到法律保护。就衍生数据而言，由于车联网数据经过深度加工，且数据控制者投入相应的智力劳动，可通过创设专门权利加以保护。

（三）路径：车联网企业数据的保护路径选择

其一，车联网企业数据不宜采取以数据权为统摄的"混合保护"模式。"混合保护"模式由于没有区分车联网个人信息和车联网企业数据的

---

❶ 胡凌.商业模式视角下的"信息/数据"产权[J].上海大学学报（社会科学版），2017（6）：3.

异质特征，不利于车联网企业数据的单独保护。尤其是"混合保护"模式欲以数据权的创设来对数据加以整体保护更不足为取。将不同数据形态、不同数据主体纳入一个抽象数据权之中是否妥适值得商榷。尤其是人格的非财产性、隐私的非公开性与个人数据的公开商业利用行为格格不入，数据的人格属性和财产数据有必要加以分离。❶由此可见，数据形态的复杂性决定了建立一个包罗隐私权、个人信息权、所有权等在内的数据权并不现实。

其二，车联网企业数据通过"场景保护"模式也存在局限性。"场景保护"模式欲采取迂回的保护策略，寄希望于现有制度体系对车联网企业数据加以分别保护，有挂万漏一之虞，且会忽视车联网企业数据与现有权利客体之间的差异，导致车联网企业数据不能得以有效保护。"专门保护"模式下，"所有权新型权利"模式、"专营权新型权利"模式、"无形产权"模式虽考虑企业数据的特殊性，但对原生数据和衍生数据未加以明显区分，未对数据投入、加工程度所产生的价值进行综合考虑，从而产生同一权利难以包容所有的车联网企业数据，权利客体的混沌使得权利保护效果不尽如人意。

其三，车联网原生数据可采取"场景保护"模式。车联网原生数据和衍生数据具有不同的保护路径，纳入统一的企业数据权体系之中会造成权利体系的混乱。可行的办法是，对于车联网原生数据，以"场景保护"模式为主。（1）当车联网原生数据以涵盖"车联网与信息娱乐功能、分厂商分车型预装量、供应商等数据"的数据库形态出现时，车联网数据库和车联网衍生数据虽皆具类似的集合状态，但对经过数据收集和整理而仅在内容的选择或者编排体现独创性所形成的车联网数据库，可通过汇编作品加

---

❶ 齐爱民.私法视野下的信息［M］.重庆：重庆大学出版社，2012：219.

以保护。车联网数据库关注形式层面的数据集合，衍生数据属于内容层面的数据集合，前者是对数据整理、存储等而形成的独特形式集合，且独立于应用程序，其在内容的选择或者特定编排过程中，虽涉及数据信息层内容，但其最终保护却无涉信息；后者是对数据进行深度加工而形成的具有商业价值的信息，如按照特定标准所形成的车联网用户信息和用户评论、驾驶行为习惯分析图等。在数据库保护方面，一般仅仅会对其汇编所形成的外在形式独创性整体成果加以著作权保护，且该种保护并不会延及数据库内的单个作品或资料；而衍生数据的保护，则是对数据内所蕴含的商业信息给予整体法律保护。（2）当车联网原生数据符合商业秘密构成要件时，可通过商业秘密加以保护。（3）当车联网原生数据构成企业的经营资产，他人未经许可获取、使用该数据，若构成经营者身份认定、存在竞争关系、违反商业道德等不正当竞争行为要件时，可通过反不正当竞争法加以规制。

其四，车联网衍生数据应采取衍生数据权"专门保护"模式。与原生数据不同，车联网衍生数据通过深度加工，具有较高的价值，为激励数据创新和利用，应上升为权利层面加以保护。在"专门保护"模式下，通过物权、商业秘密、著作权保护衍生数据存在较大的法理障碍，应通过设立衍生数据权来对衍生数据加以专门保护。有学者认为，衍生数据具有非人格性、可控性、价值性等财产属性，属于智力劳动创造的无形财产。❶"新的知识产权客体不应仅仅局限于当初的智力成果权范式，需因势而变，凡是市场需求能够成为商品并具有可替代性的脑力劳动所形成的知

---

❶ 刘双阳，李川．衍生数据的财产属性及其刑法保护路径［J］．学术论坛，2020（3）：42．

识产品都将成为知识产权法律的保护对象。"❶ 具言之，衍生数据具有无形性、可复制性、价值性等特征，切入知识产权保护体系之中并不存在无法逾越的法理障碍，应将衍生数据作为知识产权的新型客体，通过设立衍生数据权，作为知识产权的特别权利予以保护。在权能设置上，可借鉴集成电路布图设计保护，兼容并蓄专利权、著作权等权能内容，配置数据控制专有权、许可他人复制并获得报酬权、许可他人使用衍生数据并获得报酬权等权能。

第三节　强智能图景下车联网智能数据财产定性与权利归属

智能驾驶汽车技术主要存在依靠自身传感器完成周围目标识别进而完成自动决策的"自主式"驾驶技术和依靠车载单元、路侧单元之间的通信进行信息收集进而实现"人－车－路－云"协同控制的"网联式"驾驶技术，其中，"自主式"+"网联式"驾驶融合重组是自动驾驶的未来发展趋势。❷ 车联网背景下，除了汽车本体这一接收端之外，车与车、车与路、车与主机厂、车与服务商、车与GPS、车与应急服务/ETC等关联的数据连接愈来愈多。❸ 人工智能生成内容的过程实际上是算法基于自身已有模

---

❶ 余海燕．"智力成果权"范式的固有缺陷及危机——兼论知识产权统一性客体[J]．理论导刊，2011（7）：91．

❷ 吕玉琦，丁启枫，杜昊，等．汽车自动驾驶和V2X标准进展现状[J]．数字通信世界，2019（3）：20．

❸ 刘岸泽．单宏寅：智能网联汽车数据安全保护[J]．智能网联汽车，2021（6）：82．

型对新输入数据的排列和分类，大数据是算法训练的基本原料。❶ 具言之，通过对海量的原始数据加以清洗、重排和标注等预处理之后，生成用于人工智能训练的数据，包括训练数据和测试数据。❷ 无论是"自主式"驾驶技术，抑或是"网联式"驾驶技术，皆离不开个人信息、原生数据、衍生数据等基础数据。人工智能体在既定的算法框架下并不是循规蹈矩地进行重复性工作，其能够根据具体情况给出超过预期的结果或者方案。❸ 车联网智能数据作为一种新的数据存在形态，是否具有独立的财产保护价值，权利归属如何确定需要明晰。

一、车联网智能数据财产属性定位

衍生数据与人工智能生成物二者虽都是算法运行的结果，但并不能等量齐观。人工智能生成数据（物）属于高级的数据应用阶段，是衍生数据的深度开发应用，亦属演绎型数据产品。当前，学者对人工智能数据的权利保护路径进行了探讨。有学者认为，人工智能生成成果本质上是一种数据成果，包括对数据资料进行处理所产生的具有独创性的成果或不具独创性但具有经济价值的成果，可在邻接权框架下创设数据处理者权，对数据成果加以保护。❹ 有学者认为，根据人类是否介入或介入是否具有实质性影响，人工智能生成数据可分为辅助生成数据和自动生成数据，并可视

---

❶ 吴午东. 人工智能生成内容与传统版权制度的分歧 [J]. 山东社会科学，2020（7）：36-42.

❷ 马治国，胡明强，张磊. 我国人工智能基础数据的专门法保护研究 [J]. 西北大学学报（哲学社会科学版），2021（6）：153-162.

❸ 何怀宏. 何以为人 人将何为——人工智能的未来挑战 [J]. 探索与争鸣，2017（10）：28-40.

❹ 陶乾. 论著作权法对人工智能生成成果的保护——作为邻接权的数据处理者权之证立 [J]. 法学，2018（4）：12.

情形分别在物权、著作权、邻接权、反不正当竞争法等框架之下加以保护。❶ 在"菲林律所诉百度公司"一案中，菲林律所对于使用数据库的功能而自动生成包含图表和文字的分析报告主张著作权保护而并未得到法院的支持。以邻接权对人工智能数据加以一体化保护可能会动摇著作权法理根基。邻接权作为作品传播者权，通过邻接权保护车联网智能数据，预设智能数据构成作品，而这与智能数据并不当然构成作品的实际不符合。以独创性有无，通过著作权、财产权、反不正当竞争法对智能数据加以层级保护，将可能造成对没有独创性但具有较高经济价值的智能数据保护力度偏弱。可行的路径为，将可产权化的车联网智能数据划分为原生数据和衍生数据的基础上，对原生数据采取场景化保护，对衍生数据则通过知识产权体系之下的专门衍生数据权加以保护。

有学者认为，人工智能生成内容的前提在于各种基础数据的输入，应重点关注受著作权法保护的数据、个人数据、大规模的数据集合，对人工智能数据不应加以保护。❷ 从人工智能基础数据到人工智能数据在数据属性上并不会产生质的改变，考虑的重点主要集中于权利归属方面。综合观之，本书语境下的车联网智能数据主要指强人工智能，即 L3~L5 不同等级自动驾驶的算法生成物，个人信息、原生数据、衍生数据作为人工智能的基础数据，决定了人工智能数据主要以更为高级的形态对个人信息、原生数据、衍生数据加以呈现，对智能数据没有单独加以财产定性的必要，可参照个人信息、原生数据、衍生数据的保护模式进行。

---

❶ 刁胜先，秦兴翰.论人工智能生成数据法律保护的多元分层模式——兼评"菲林案"与"Dreamwriter 案"[J].重庆邮电大学学报（社会科学版），2021（3）：41-53.

❷ 蓝纯杰.从生成内容到基础数据——人工智能法律保护的新方向[J].科技与法律，2020（3）：22.

二、车联网智能数据的权利归属

对于人工智能生成物,可区分为"人工智能作为人类创作辅助工具生成的计算机衍生作品和人工智能创作无须人类事先定义规则而作为独立的创作主体"❶。通观全球,纵然日本和沙特阿拉伯分别于2010年和2017年授予机器人帕罗(Paro)和索菲亚(Sophia)"公民"资格,但大多数国家并不承认人工智能的法律人格。学理上,对人工智能生成物的权利归属莫衷一是。强人工智能时代,人工智能能否获得主体地位,是一个未竟的法律元命题。人工智能的主体资格牵涉开发者、制造商、所有者、使用者以及第三人(受害人)等主体之间的利益关系❷,关乎人工智能致害责任的承担、算法生成物归属等问题。有学者认为,包括AI在内的技术不可能创造思想,只是对已有知识的模仿,对已有知识的整理。人类的主体性非任何技术可替代。❸当前针对人工智能主体地位问题,学理上产生诸多学说,考虑到当前和未来一段时间内,赋予人工智能完全的法律人格并不现实,故本节重点关注人工智能时代车联网智能数据的权利归属问题。

根据人为因素与机器因素参与程度的不同,人工智能生成物的权利归属存在着虚拟法律人格说、编程设计者为作者说、社会公有领域说、人工智能使用者说、人工智能编程设计者与使用者为共同作者说等不同争论。❹由于目前智能驾驶处于初级阶段,人类处于主导地位,作为机器人表现形态的智能汽车尚不具有独立的法律人格。随着汽车智能化的不断发展,在

---

❶ 刘影.人工智能生成物的著作权法保护初探[J].知识产权,2017(9):45.
❷ 彭诚信,陈吉栋.论人工智能体法律人格的考量要素[J].当代法学,2019(2):53.
❸ 韩大元.当代科技发展的宪法界限[J].法治现代化研究,2018(5):7.
❹ 朱梦云.人工智能生成物的著作权归属制度设计[J].山东大学学报(哲学社会科学版),2019(1):118–126.

神经网络算法的加持下，汽车将具有"类人思维"。如美国所发布的《无人驾驶汽车乘客保护规定》明确提出，方向盘和控制踏板并非无人驾驶汽车的必备构件。车联网智能数据的归属问题关乎智能汽车行业的健康发展。有学者认为，智能汽车在行驶过程中搜集和生成的如道路车流量变化、汽车自身磨损率和耐久度等非敏感型数据，应将权利配置于投资者而非使用者。❶智能汽车数据属于数据控制者具有合理性，除了汽车制造商及相关服务商对数据生成进行大量资金、人力、物力等投入之外，还在于由上述主体拥有智能汽车数据，可更好地根据数据反馈进行产品优化、市场预测、系统改进、服务改善等，推动智能汽车行业的持续健康发展。

三、车联网智能数据的权利保护及限制

车联网智能数据主要以个人信息、原生数据、衍生数据等数据形态加以呈现，而分别受到个人信息保护规则、原生数据和衍生数据保护规则的规范。

其一，就智能数据的财产权利配置而言，车联网智能数据以原生数据和衍生数据形态呈现的，可参照原生数据和衍生数据保护方式进行。但就智能数据的权利归属而言，有学者认为，人工智能的使用者对智能数据所贡献部分享有权利，而人工智能的原所有人对内容生成其所贡献部分享有权利。❷就车联网智能数据而言，一般涉及汽车厂商、内容（平台）服务

---

❶ 李晓宇.人工智能生成数据权利配置的学理证成与出路［J］.宁夏社会科学，2021（6）：95.

❷ BRIDY A. Coding Creativity Copyright and the Artificially Intelligent Author［J］. Stanford Technology Law Review，2012，5：1–28.

商、车主以及租车人、其他驾驶人、乘客、行人等主体，但在不涉及个人信息的情形下，车联网智能数据权属争议主要存在于投资者（汽车厂商、内容服务商等）和使用者（车主）之间，由于原生数据和衍生数据皆以规模化信息集合出现，考虑到单车智能数据的财产价值不大而不必另行保护之外，为保证智能汽车数据的共享，推动智能汽车产业的健康发展，集合类车联网智能数据的财产权应归于投资者。车联网原生数据和衍生数据的形成离不开原始数据的获取，故在获取阶段必须受隐私、个人信息处理规则控制，即车联网数据的原始采集须经过原始信息主体的许可或授权。值得注意的是，司法实践中关于数据的获取和利用所形成的"三重授权"原则，明确了信息主体、数据处理者或控制者、第三方利用主体之间的个人信息获取中的授权体系。简言之，若数据处理者或控制者之前经过个人信息主体的授权分别获得了相关主体的个人信息，对基于个人信息汇集、加工等劳动所形成的聚合状态下的原生数据和衍生数据，之后数据处理者或控制者再对其向第三方许可使用时，无须再经过原始信息主体的授权。有学者提出，不能再固守知情同意规则在个人信息处理的运用，应根据个人信息主体之前的授权目的加以综合判断。❶ 从数据生命周期观之，在不同的数据利用阶段，采集目的和利用目的并不具有融贯性，个人信息授权规则在后续利用阶段须受到严格限制。

其二，车联网智能数据涉及个人信息时，车联网智能数据的处理须考虑例外情形。有学者认为，人工智能汽车生成的关于驾驶人的驾驶习惯、惯常驾驶路线、行车轨迹等数据时，由于数据的来源和生产与驾驶人密切

---

❶ 姬蕾蕾.个人信息保护立法路径比较研究［J］.图书馆建设，2017（9）：19-25.

相关，应重点关注个人信息的隐私保护。❶但对个人信息的保护在特定情形下亦须受到限制。如在自动驾驶汽车领域，基于保证行车安全需要，在去可识别化的前提下，对车外个人信息的收集在特定情形下应被允许。

---

❶ 李晓宇.人工智能生成数据权利配置的学理证成与出路［J］.宁夏社会科学，2021（6）：95.

第四章

车联网数据跨境治理之"数据安全论"

伴随着信息技术的迅猛发展,人们在享受数字经济所带来红利的同时,数据安全问题日益突出。跨境数据流动宏观上指代任何数据跨越国境的流动,狭义指称个人数据的跨国传输,从一国法域传输至另一国法域。❶此种数据的传输可通过互联网直接 P2P(Point to Point)流动,亦可以将数据存储于物理固态存储介质之中,通过介质的转移以形成数据的流动。OECD 指出,数据跨境传输应当符合以下两个要素:一是数据应当能够被计算机所识别和运作;二是数据应当在不同国家的主权范围内进行跨境流动传输,如若仅为一国主权范围之内的本国国民之间的数据交换,则不属于数据的跨境流动。另外,数据跨境流动不应仅为数据的单纯流动,还应当包括数据的跨境存储、处理与应用等行为。

车联网数据在个人信息维度、数据产权维度、数据安全维度之下具有不同数据形态和客体属性。具体到数据安全维度而言,重要数据、核心数据、个人信息是数据安全法律关系的重要客体,且在数据流通状态上存在境内数据和跨境数据之分。较之车联网境内数据安全治理,考虑到车联网

---

❶ KUNER C. Trans-border Data Flows and Data Privacy Law [M]. Oxford: Oxford University Press, 2013: 11.

数据跨境治理问题更为突出，鉴此，将以重要数据、核心数据、个人信息为逻辑线索，以车联网数据跨境治理为重点，分别论证车联网重要数据跨境治理、车联网个人信息跨境治理、车联网个人信息跨境治理。

第一节　数据主权主张下车联网数据跨境治理政策动态

数据跨境意味着数据在不同国家或地区之间加以传输和流通，由于数据具有涌向数据经济发展水平较高国家或地区的天然惯性，客观上形成了"数据附属国"与"数据中心国"二元格局，进而演化为数据主权之争。各国对数据主权所秉持的不同态度，影响着数据跨境治理政策的走向。车联网数据跨境治理政策作为数据跨境治理政策的子系统，从数据跨境治理政策中便可对车联网数据跨境治理的现实坐标加以宏观把握。

一、数据跨境流动中的数据主权考量

传统主权指一个国家政权在国际法层面上所拥有的按照自己意志独立处理本国事务的权力，且其他国家无权进行干涉或侵犯。[1]传统主权局限于海陆空等边界地理环境划定的空间范围。互联网的存在，则逐渐虚化了地理意义上的边界，消解了主权的内外二向性，使得人们的行为呈现全球化、虚拟化与去地域化。[2]因此，网络用户中存在一种网络无政府主义，

---

[1] 廖斌，刘敏娴.数据主权冲突下的跨境电子数据取证研究[J].法学杂志，2021（8）：149.

[2] 刘连泰.信息技术与主权概念[J].中外法学，2015（2）：505-522.

或网络自治主义，主张网络自治以维系网络秩序与网络社会的存在，倾向于数据的绝对自由传输。❶ 但是社会实践表明，在没有既定规则与特定秩序约束之下，网络自治易异化为不法之地，并随同他国的数据侵入影响国家安全。一个国家在数据存储与处理上的主导能力，很可能使其在政治与技术上具有优势地位，而数据跨境流动则可能会导致特定国家的主权丧失。❷

由此，数据主权（data sovereignty）的概念应运而生。目前学术界对数据主权概念尚未达成共识，基本存在广义与狭义两种观点，前者认为数据主权是国家拥有的对数据进行控制、监管的权力；后者指个人数据主权，即数据的生产者、控制者对数据占有和使用的权利。本书数据主权是指国家对数据流动进行管理的权力，正如学者克里斯蒂娜（Kristina）所主张，数据主权指数据受到数据生产国与存储国法律规制而形成的国家执法监管与司法管辖。❸ 也有学者主张数据主权是国家最高权力在数据领域的外化，具有独立性、自主性与排他性。❹《网络行动国际法塔林手册2.0版》规定，国家有权对领土内网络基础设施与网络活动进行独立自主的管理，并在国际范围内实施网络行为。❺ 此观点主张将传统主权原则溢出至网络环境中，进而对数据传输等行为行使主权，对网络行为进行管控。

---

❶ 郑智航.网络社会中传统主权模式的消解与重构［J］.国家检察官学院学报，2018（5）：3-15.

❷ 张新宝，许可.网络空间主权的治理模式及其制度构建［J］.中国社会科学，2016（8）：139-158.

❸ IRION K. Government Cloud Computing and National Data Sovereignty［J］. Policy & Internet, 2015, 4: 40-71.

❹ 吴沈括.数据跨境流动与数据主权研究［J］.新疆师范大学学报（哲学社会科学版），2016（5）：115.

❺ 甘勇.《塔林手册2.0版》网络活动国际管辖权规则评析［J］.武大国际法评论，2019（4）：120；黄志雄.网络空间国际规则制定的新趋向——基于《塔林手册2.0版》的考察［J］.厦门大学学报（哲学社会科学版），2018（1）：9.

数据主权与数据安全紧密相关，是国家安全的重要组成部分。美国作为互联网的起源地，尤为重视数据方面的立法，规范数据的采集、存储、处理与利用，并在事实上形成数据立法霸权。美国早在1967年便制定《美国信息自由法案》，强调数据的自由流动。但即便是主张数据自由流动，美国也从未对国内重要数据的管控予以放松。随着国际竞争加剧，美国在强调数据自由的同时，着重加强数据安全管理。1987年制定的《美国计算机安全法》赋予政府机构搜查个人数据的权力。2001年《美国爱国者法案》更是将美国领土与国籍等信息列为受保护的信息进行管控，其第215条规定基于打击恐怖主义，无论是否存在嫌疑，只要政府认为需要，便可向美国企业调取数据，美国企业必须配合美国政府进行数据调取。虽此种规定于2015年废弃，但《美国自由法案》换汤不换药，仍然坚持为保护国家安全，政府仍得对嫌疑人进行监控，向美国企业调查数据。[1]2013年《美国网络安全保护令》进一步强调政府对美国境内数据的管控，模糊个人数据、公共数据等区别。由于 United States v. Microsoft Corp. 案，微软公司以数据不属于美国境内数据、不受美国地域管辖为由，拒绝向美国执法部门跨境传输存储于爱尔兰云服务器的用户数据，以此为导火索，2018年美国通过《美国澄清境外数据合法使用法案》(*Clarifying Lawful Overseas Use of Data Act*)。该法案规定，美国执法部门有权直接对所有与美国网络有关系的用户启动调查程序，要求用户提供相关数据，即便用户属于境外企业，数据的跨境传输亦可依此法为之，以利于相关调查与数据披露。[2]该法案有效助力美国执法机构长臂管辖境外用户，跨境收集、转移

---

[1] 何波. 数据主权法律实践与对策建议研究[J]. 信息安全与通信保密，2017（5）：9.

[2] 廖斌，刘敏娴. 数据主权冲突下的跨境电子数据取证研究[J]. 法学杂志，2021（8）：150.

数据，因此突破了传统国家主权独立自主与不受侵犯原则，违反了地域管辖原则，构成对他国数据监管权力的侵犯。纵观美国数据立法历程可知，尽管美国一直主张数据跨境自由，不承认数据主权概念，但是美国一直坚持"双标"，致力于采取法律、行政、司法措施建立美国的数据主权，并通过政府、企业与个人相配合的机制，实现美国政府控制境内境外数据和保护本土数据，确保美国在数据领域的领先地位，维护美国的数据霸权。例如，美国外资安全审查委员会负责审查外资对美国国家安全的隐患，防止外资进入损害美国国家安全。同时该委员会可要求国外网络运营商签署保护美国国家安全的约定，将通信有关的设备放置于美国境内，并要求有关美国本土数据安全的通信数据、交易数据、消费者数据仅存储在美国境内。❶另外，《美国出口管理条例》等也规定军用与非军用关键技术数据实施跨境许可证管理。美国对数据跨境出口管理涵盖范围十分广泛，不仅包括美国公民个人数据，还包括非美国公民与美国有关的数据，只要是从美国向外进行传递，便会受到出口管制。

欧盟相继制定了《通用数据保护条例》《数字服务法》《数字市场法》等制度，勾勒出欧盟"数字主权"的基本法律框架。俄罗斯为了保证数据主权和数据安全，同样在数据保护方面采取了诸多立法行动。2006年俄罗斯联邦议会通过了《俄罗斯关于信息、信息技术与信息保护法》，该法着重规制信息收集、存储、处理、利用过程中的相关行为，规定了信息控制者或运营者应当保护信息安全，防止非法获取或利用信息。2006年俄罗斯制定了《俄罗斯联邦个人数据法》，为防止侵犯个人信息权利与自由，并

---

❶ 刘云.中美欧数据跨境流动政策比较分析与国际趋势[J].中国信息安全，2020（11）：76.

要求数据跨境时数据接受国应当提供俄罗斯同等水平的数据保护。❶ 当然，《俄罗斯联邦个人数据法》在坚持数据跨境流动自由的同时，也规定了基于维护道德、保护国防、公民权利、国家安全等需要，可以限制或禁止数据自由跨境的例外情形。"棱镜门"事件后，俄罗斯基于斯诺登揭露的美国全球监控计划，出于个人数据与国家安全担忧，加紧数据主权与安全立法，强化对数据跨境流动的监管，确立了数据本土化原则。2014 年俄罗斯发布《〈关于信息、信息技术和信息保护法〉修正案及个别互联网信息交流规范的修正案》，增加了网络组织者的数据境内留存规则，要求网络组织者应当在数据收集、传递、处理、利用过程中在俄罗斯境内留存数据 6 个月。❷ 如若国家安全机关与侦查机关需要上述数据，网络组织者应当予以提供。同年 7 月，俄罗斯再次对数据管理法律进行修改，其中《俄罗斯联邦个人数据法》新增了运营商收集个人数据时，需要在境内数据库中予以记录、整理、利用与存储，同时对违反《俄罗斯联邦个人数据法》的信息加以限制访问。数据本土留存以及相关信息存储上报与执法协助义务，便是俄罗斯数据主权行使的表现，目的在于通过立法实现政府对数据收集、存储、传输、利用的全方面掌握，掌握数据跨境流动的主导权，维护本国数据安全，防止本土数据资源流失。

二、数据跨境的主权利益冲突

随着计算机与通信技术的蓬勃发展，数据具有了逾越地理环境限制

---

❶ 何波. 俄罗斯跨境数据流动立法规则与执法实践［J］. 大数据，2016（6）：130.

❷ 何波. 俄罗斯跨境数据流动立法规则与执法实践［J］. 大数据，2016（6）：131.

的可行性，使得数据采集、存储、利用、传输变得更加便利迅捷，数据的全球化趋势明显。车联网数据中涉及车主的个人数据、车主与车辆人机交互数据以及车辆运行过程中的行驶数据等，且这些数据均能够反映自然人车主的生活轨迹、习惯与偏好，与个人特征紧密相关。通过车联网数据的获取，能够对车主的行为、爱好等进行预测，以达致特定的商业目的。此种数据的跨境传输，实际上使得人的物理界限被打破，地理信息控制被削弱，属人管辖与属地管辖的传统主权理论受到挑战。[1]数据跨境传输往往涉及国家安全和敏感个人信息保护等问题，很多国家或地区要求数据采集、存储与使用本土化，即在本国境内对数据进行保存与利用，限制数据的跨境传输。如俄罗斯的《关于信息、信息技术和信息保护法》和《俄罗斯联邦个人数据法》便要求信息控制者应当在俄罗斯境内对数据进行收集、存储与利用。当然，数据本土化存储的表现形式很多，如要求在本国境内设置服务器、将数据存储于境内的数据库、将数据在境内进行备份留存等。

对于政治、经济等实力相近的国家，数据跨境的长臂管辖必然意味着主权利益冲突。数据流出国基于对数据的主权管辖，往往会限制数据跨境流动，以避免难以预料的重要数据泄露。而数据流入国则希望通过长臂管辖，实现数据的跨境流入，使其可存储、利用的数据增多，为未来政治博弈、经济竞争提供资源基础。数据跨境流动管控必然导致双方就数据管控发生冲突，数据主权利益冲突不可避免。数据跨境尤其是关乎国防安全数据、公共安全数据、经济安全数据的数据跨境被他国收集与掌握，将会严重影响一国国家安全与稳定。车联网数据中车辆行驶数据、车况数据、周围环境数据等，可能涉及一国经济运行状态、重要军事设施信息、国家机

---

[1] CATE F H. The Changing Face of Privacy Protection in the European Union and the United States [J]. Indiana Law Review, 1999, 33: 173-176.

构位置、测绘等政治、经济、军事等方面的重要情报,因此车联网数据的跨境流动关涉一国主权安全与利益。一国重要数据泄露,将会对国家安全、公共利益乃至个人或企业利益造成不可估量的损失。2018年美国制定《美国澄清境外数据合法使用法案》便是其基于保护国家安全与反对恐怖主义理由,规定其执法机构可以要求与美国有贸易往来或使用美国生产、提供服务的个人,向美国执法机构跨境提供数据或由美国执法机构主动调查存储于他国的数据。❶美国以国内法授权为依据的执法或司法主权扩张至他国进行管辖,必然会侵犯他国的数据管控主权,造成数据跨境的主权冲突。

三、数据主权下车联网数据跨境治理的必要性分析

政治、经济实力差距悬殊的国家或地区之间的数据跨境,基于数据中心国的数据霸权,加剧了数据跨境的各国或地区之间主权利益冲突。在数据跨境流动上,由于平台具有的聚合效应,数据会天然地向数据强国进行流动集聚。拥有众多互联网企业与先进网络技术的国家,必然拥有强大的能力收集、存储、利用数据,在数据跨境交易上占据有利位置。例如,美国便是不断强化其数据采集、存储、处理与利用能力,依托20多家世界主要互联网企业巨头和597个超大规模数据处理中心,谋图世界数据处理中心的霸主地位。❷美国掌握海量的世界各国数据,能够有针对性地进行信息处理,从而为政治较量、经济博弈贡献力量,并反过来借助强大的政治与经济实力进一步强化数据霸权。而大多数国家由于没有强大的互联网

---

❶ 邵怿.论域外数据执法管辖权的单方扩张[J].社会科学,2020(10):124.
❷ 王中美.跨境数据流动的全球治理框架:分歧与妥协[J].国际经贸探索,2021(4):103.

企业和国家综合实力，只能作为数据输出国，将其数据跨境传递和存储于数据大国的服务器之中，其中诸如重要的国防数据、经济数据及海量的敏感个人信息等亦只得拱手跨境流动至对方服务器中。通过数据的收集与集聚事实上形成了数据中心国与数据藩属国的二阶划分，数据藩属国无法与数据中心国进行数字经济竞争，也难以进行政治博弈，只能依附于数据中心国，服从数据中心国的数据霸权建立的国际秩序，丧失战略主动权和发展自主权，无法有效行使主权控制数据的跨境流动。为了防止成为数据藩属国，许多国家也采取措施进行反制，纷纷制定法律规定数据存储的本土化以及加强数据跨境管控，从国家安全角度捍卫数据主权。

我国大部分汽车为合资品牌汽车，还有部分汽车属于境外进口汽车，其车联网数据相关服务可能由境外企业及其子公司提供，离境数据的滥用将会对国家安全、个人隐私、财产甚至人身安全造成威胁。❶我国所实施的数据跨境管制与评估，屡次受到美国狙击与责难。位于美国华盛顿的信息技术与创新基金会（Information Technology and Innovation Foundation）于2017年发布的《跨境数据传输：何为阻碍，成本为何？》报告中，提议时任总统特朗普针对我国数据保护政策采取积极法律应对措施，以迫使我国改变数据跨境严格管控政策和相关数据流动壁垒，使得数据跨境流动更加有利于美国。❷无独有偶，2019年美国国会参议员乔什·霍里（Josh Hawley）提交的《美国国家安全和个人数据保护法案》将中国等国家列为打击对象，禁止在美国提供产品或服务的中国公司，特别是应用程序运营商将在美国获取的数据存储于中国，同时禁止在中国提供产品或服务的美

---

❶ 覃庆玲，谢俐倞.车联网数据安全风险分析及相关建议［J］.信息通信技术与政策，2020（8）：38.
❷ 罗晖.美国ITIF：倡导准确评估跨境数据流动和数字贸易壁垒［EB/OL］.（2020-04-07）［2022-01-10］.https://www.ciste.org.cn/index.php？a=show&c=index&catid=74&id=710&m=content.

国企业在中国存储美国公民或企业的数据。❶ 但是，美国并不禁止甚至要求中国企业向美国提供产品或服务时，在美国存储或提供中国企业或公民的数据。例如，滴滴出行赴美上市，需要向美国证券交易委员会披露在我国获得的海量车联网数据，而引发个人信息泄露与国家安全隐忧；运满满公司与货车帮等企业也因数据跨境提供与披露受到个人隐私安全与国家安全审查。❷ 网络空间不是法外之地，是弥漫着无声硝烟的博弈战场，在车联网数据跨境日益影响国家安全、公共利益、组织或个人合法权益的背景下，数据争夺战日益激烈。车联网数据作为我国战略性基础资源，伴随着信息技术变革，我国应加强车联网数据安全管理，在维护数据主权的基础上，推动数据共享，切实维护国家经济安全、公共利益、组织或个人合法权益。

第二节　数据安全语境下车联网数据保护客体形态

车联网数据具有多种事实形态，但并非所有的车联网事实数据皆可受到法律评价，某一形态的车联网数据欲得到法律保护，须纳入特定法律关系客体之中。数据跨境治理更多属于数据安全治理范畴，故车联网数据跨境治理的前提便是将特定车联网数据纳入数据安全法律关系的客体，从而成为数据安全治理对象。结合我国数据安全法律制度，车联网数据的客体范围主要包括重要数据、核心数据、个人信息。

---

❶ 刘云.中美欧数据跨境流动政策比较分析与国际趋势［J］.中国信息安全，2020（11）：75.

❷ 赵海乐.比较法视角下的我国"车联网"数据治理路径选择［J］.上海财经大学学报，2021（5）：141.

一、数据分类分级的基础概念:"重要数据"

车联网数据领域的分类分级保护主要借助于"重要数据"这一客体对象加以实现。如工业和信息化部《工业和信息化领域数据安全管理办法(试行)》将工业和电信数据分为一般数据、重要数据和核心数据三级。❶ 车联网重要数据不能与"车联网领域重要的数据"等量齐观,而是属于实在法中的法定概念。《网络安全法》在法律层面首次提出"重要数据"概念,并在之后的立法中不断加以演化和丰富。《数据安全法》重申了重要数据,并作出了相应的规则设计。《个人信息和重要数据出境安全评估办法(征求意见稿)》将重要数据定义为,与国家安全、经济发展,以及社会公共利益密切相关的数据,❷ 但其仅仅对重要数据加以概括式的界定,具体范围需要援引国家有关标准和重要数据识别指南加以确定。《信息安全技术 重要数据识别指南》从数据对国家安全与公共利益的影响和面临的主要安全风险等角度,将重要数据分成国民经济运行类、安保类、自然资源类、生物医疗类、敏感技术类、政府工作秘密类等,其中明确将"地图数据、导航数据、重点目标地理信息、汽车生产制造企业掌握的用户行车数据"等车联网数据纳入重要数据范畴。该指南将重要数据定义为"一旦遭到篡改、破坏、泄露或者非法获取、非法利用,可能危害国家安全、公共利益的数据",其中重要数据不包括国家秘密和单独的个人信息,但基于海量个人信息形成的统计数据、衍生数据有可能属于重要数据。《信息

---

❶ 工业和信息化部.工业和信息化部关于印发《工业和信息化领域数据安全管理办法(试行)》的通知[S/OL].(2022-12-08)[2023-01-12]. https://www.miit.gov.cn/zwgk/zcwj/wjfb/tz/art/2022/art_e0f06662e37140808d7735e9d9fd3.html.

❷ 国家互联网信息办公室.国家互联网信息办公室关于《个人信息和重要数据出境安全评估办法(征求意见稿)》公开征求意见的通知[EB/OL].(2017-04-11)[2021-12-06].http://www.cac.gov.cn/2017-04/11/c_1120785691.htm.

安全技术 数据出境安全评估指南（草案）》将重要数据定义为"与国家安全、经济发展，以及社会公共利益密切相关的数据"，并通过附录A的形式对重要数据的范围加以明确。❶《汽车数据安全管理若干规定（试行）》将汽车数据划分为个人信息和重要数据，并对重要数据的概念和范围加以确定。

"重要数据"作为车联网数据安全法律关系的客体，反映了立法者对形态各异车联网数据的价值筛选和法律评价，但综合来看，重要数据的定义尚未定型，处于不断丰富的阶段。尤其是《数据安全法》以及《数据出境安全评估申报指南（第一版）》《信息安全技术 重要数据识别指南》《工业和信息化领域数据安全管理办法（试行）》等车联网领域的技术标准对重要数据的定义不尽一致，在重要数据概念演变过程中，重要数据范围发生较大变化，如《信息安全技术 重要数据识别指南》更是明确将国家秘密和单独的个人信息排除在重要数据范围之外。

综观美国、欧盟等国家或地区，其主要通过相关法案以及双边或多边协议对车联网个人数据和跨境数据加以保护。虽然诸如美国、欧盟等国家或地区没有直接提及"重要数据"概念，但在不同数据保护管理制度之中皆体现了对重要数据的实质性保护。我国对数据安全的监管主要以分级分类为基本原则，通观《数据安全法》以及正在着手制定的相关国家标准，对重要数据和个人信息进行了明确界定，明确了数据安全维度下数据分类分级管理的基本框架。《汽车数据安全管理若干规定（试行）》则就车联网领域的重要数据和敏感个人信息进行了具体阐述，为车联网数据安全治理提供了基本依循。

---

❶ 国家质量监督检验检疫总局，国家标准化管理委员会.信息安全技术 数据出境安全评估指南（草案）[S/OL].（2017-05-27）[2021-12-08］.https://www.tc260.org.cn/ueditor/jsp/upload/20170527/87491495878030102.pdf.

总体来看，车联网个人信息与重要数据是作为并列概念抑或是从属概念，当前并未定于一尊。《个人信息和重要数据出境安全评估办法》《网络数据安全管理条例（征求意见稿）》倾向于将重要数据和个人信息概念并列，《数据安全法》《汽车数据安全管理若干规定（试行）》则倾向于将个人信息作为重要数据的一种类型。个人信息维度和数据安全维度之下个人信息具有不同的价值指向和价值意涵，为与作为上位法的《数据安全法》保持一致，建议将个人信息纳入重要数据的范畴，通过列举加概括的方式来界定其范围。在今后的立法中，应以国家安全、经济运行安全、社会稳定、公共利益为参照指标，将重要数据作如下定义：除国家秘密和单独的个人信息之外，以电子方式记录，一旦遭到篡改、破坏、泄露或者非法获取、非法利用，可能危害国家安全、公共利益或者个人、组织合法权益的数据，包括：（1）敏感地理区域的含有地理信息、人员流量、车辆流量等数据；（2）含有车辆流量、物流等国民经济运行类数据；（3）汽车充电网运行数据；（4）可识别人机的可视化数据；（5）达到一定量级个人信息；（6）诸如基于海量个人信息形成的其他涉及国家安全、公共利益或者个人、组织合法权益的统计数据和衍生数据。

二、独立于重要数据的"核心数据"

《数据安全法》提及了重要数据和核心数据，但其对核心数据是否独立于重要数据，语焉不详。有学者认为，《数据安全法》通篇未对国家核心数据进行"更加严格的管理制度"作出要求，核心数据属于重要数据的一种类型。❶然而，《工业和信息化领域数据安全管理办法（试行）》将工

---

❶ 洪延青.国家安全视野中的数据分类分级保护［J］.中国法律评论，2021（5）：76.

业和信息化领域的数据区分为"一般数据、重要数据和核心数据"三种类型。❶ 可见,重要数据与核心数据并不能视为一体,尤其是当数据遭到篡改、破坏、泄露或者非法获取、非法利用时,核心数据较之重要数据,其对国家安全、公共利益或者个人、组织合法权益等造成的危害程度和威胁更高。是故,车联网数据跨境治理过程中应将重要数据和核心加以区分定义。简言之,在界定重要数据的同时,亦应明确核心数据的概念,即关系国家安全、国民经济命脉、重要民生、重大公共利益等车联网核心数据,包括:(1)车联网领域涉及重要骨干企业、关键信息基础设施、重要资源等数据;(2)与国家安全相关的重点领域数据;(3)经评估所确定的其他核心数据。通过重要数据和核心数据的界分,实行动态目录管理,对核心数据采取更为严格的管理制度,使数据分类分级管理原则贯穿于收集、流通、存储、利用、销毁等车联网数据全生命周期之中。

三、重要数据范畴下定量"个人信息"和定性"个人信息"

对于个人信息和个人数据两个术语的选择,我国相关法律法规主要使用个人信息,而欧盟、美国等涉及个人信息相关法律法规的中译文本,更倾向于使用个人数据。考虑到个人数据和个人信息在内涵上并无本质区别,本书将个人信息和个人数据概念等同使用,但为遵循惯例表达,在不同的语境中有选择性地使用个人数据或个人信息概念,不对个人信息和个人数据加以区分。

对于车联网数据中个人数据的范围,目前尚无准确定义。2013 年

---

❶ 工业和信息化部. 工业和信息化部关于印发《工业和信息化领域数据安全管理办法(试行)》的通知 [S/OL].(2022-12-08)[2023-01-12]. https://www.miit.gov.cn/zwgk/zcwj/wjfb/tz/art/2022/art_e0f06662e37140808d7735e9d9fd3.html.

OECD《关于保护隐私与个人数据跨境流动指南》中提出个人数据意指任何与自然人有关的可识别或已识别的相关信息。欧盟《关于个人数据处理与自由传输保护指令》中提出个人数据应指与自然人有关的可识别或已识别的所有信息，识别方式包括直接或间接通过身体状态、心理状态、社会特征等一个或多个因素得以确定特征。国际数据保护与隐私专员会议《关于个人数据与隐私保护国际标准马德里决议》指出，个人数据应当指可用合理手段识别或确定身份的任何信息。《英国数据保护法》中规定个人数据为与自然人有关的，可用于识别其身份或特征的数据，包括交易数据、行为数据、任何观点表达等。个人数据应当具有自然人身份或特征的可识别性，通过合理手段可预测或确定自然人的身份，或者自然人的偏好、习惯等。对于个人数据的具体形式，各国均采取模糊化处理，使得个人数据的涵盖范围尽可能得以扩大，将更多信息类型纳入保护范围。

车联网个人信息指"以电子或者其他方式记录的与已识别或者可识别的车主、驾驶人、乘车人、车外人员等有关的各种信息，不包括匿名化处理后的信息"。欧洲数据保护委员会在发布的《车联网与移动设备个人信息传输指南》中便指出，大部分车联网数据均可视为个人信息，即便信息并不直接指向车主或驾驶人的身份，但如若通过信息处理或检索能够识别驾驶人或车主真实信息的，均属于个人信息。此种规定也适用于欧盟《通用数据保护条例》与《电子隐私指令》。我国《个人信息保护法》《数据安全法》《网络安全法》作为数字经济安全的三大法治基石，皆涉及个人信息跨境规则，但由于三者立法旨趣的差异，《个人信息法》更加侧重于作为人格利益的私权保护，《数据安全法》则强调公权对个人信息的管理，《网络安全法》更加强调个人信息系统的安全。数据安全维度下，对于单独的个人信息并不加以保护，但特定的车联网个人信息若满足定量和定性条件，可作为重要数据纳入数据安全管理范畴。定量方面，对达到一定量级的车联网个人信息；定性方面，对未规定量级但包含人脸信息、车牌信息等的车外视频、图像数据以及其他可能严重影响个人合法权益的数据，纳入重要数据范畴加以保护。从该种意义上来讲，数据安全维度下的车联网个人信息概念属于车联网重要数据的下位概念。

第三节　车联网跨境数据的分类分级治理思路

车联网重要数据跨境是车联网数据跨境治理的基础和核心部分，车联网核心数据跨境治理是在车联网重要数据跨境治理的基础上采取更为严格的管理；车联网个人信息跨境治理属于车联网重要跨境治理的子系统，但缘于车联网个人信息与个人利益密切相关、车联网个人信息单独私权保护自成体系以及域外对车联网个人信息跨境的单独保护等特殊因素，将车联网个人信息所涉及的定量和定性部分加以单独讨论，但跨境规则仍然适用于车联网重要数据跨境治理规则。一言以蔽之，从制度构造层面来看，车联网重要数据跨境治理属于共性、基础规则，车联网核心数据跨境属于补强规则，车联网个人信息属于特殊规则。

一、车联网跨境重要数据的重点治理

车联网重要数据作为车联网数据安全的核心概念，属于车联网数据跨境治理的重要对象。

（一）车联网数据跨境监管机构

通观全球，数据跨境监管制度大致经过了初步建立、快速发展、丰富完善等阶段。其一，数据跨境监管制度建立阶段（1981—1994年）。1981年欧盟制定的《个人数据自动化处理的个人保护公约》中规定，数据保护机构可以对个人数据跨境转移至国外时进行监管，个人数据跨境转移应当得到数据保护机构的明确授权，以及获得数据所有者的同意。❶此际，欧盟已经确立了数据跨境的监管机制，监管机构为数据保护机构，监管对象为跨境转移的个人数据。1990年联合国同样表明了对数据跨境监管的支持态度，在《关于自动化处理的个人数据档案保护指令》中便指出两个以上的国家可以就对方数据保护水平加以评估，只有水平相当时方可自由流通。易言之，数据跨境的交易方可以对数据跨境进行监管，并对交易对方的数据保护标准进行评估，若得出双方保护水平并不等同的评估结果，可以限制或禁止数据传输。其二，数据跨境监管机制快速发展阶段（1995—2011年）。1995年，欧盟为使个人数据保护适应信息技术发展，制定了《关于个人保护中个人数据处理与自由传输指令》，明确规定应当设立数据监管机构，主要职责为监管个人数据跨境流通，监管方式为事先审查和批准。如若数据输入国或第三国无法达成与欧盟对个人数据的同等保护，便应当限制或禁止个人数据的跨境传输。随后，受欧盟指令的影响，加拿大、日本等纷纷制定了数据跨境监管制度。如2003年日本制定的《日本个人信息保护法》中规定，个人信息保护委员会负责监管数据跨境，任何数据持有者跨境传输个人信息等数据时，均应当取得信息所有者同意，且符合个人信息委员会制定的法规。其三，数据跨境监管制度完善阶段（2012年至今）。新加坡2012年制定的《新加坡个人数据保护法令》规定新加坡隐私委员会可对个人数据跨境转移进行监管。2016年欧盟发布《通用数据保护条例》进一步加强对数据跨境的监管，采取充分性认定方式对个人数据跨境的输入国或第三国资质进行认定，如若数据接收国或第三国无法符合充分性认定，则限制数据的跨境传输。2017年《澳大利亚1988

---

❶ 相丽玲，张佳彧. 中外跨境数据流动的法律监管制度研究［J］. 情报理论与实践，2021（4）：75.

年隐私法》修正案规定，任何实体应当采取必要措施确保数据跨境不会违反隐私保护原则，政府部门有权对数据跨境进行监管。❶2018年我国《个人信息与重要数据出境安全评估办法》规定网信部门负责对数据跨境进行监管，个人信息出境应当向网信部门申报，并提交自行或委托网络安全服务机构作出的安全评估报告。另外，印度、美国、巴西也制定了相应的数据跨境监管制度。

由此可见，各个国家或地区均开始重视数据跨境的监管，以确保本土数据不被随意采集、存储、传输和利用，保护本国数据主权，防止数据跨境导致个人信息泄露和国家安全受到损害。车联网数据跨境监管与数据监管同出一脉，数据跨境监管制度对二者适用。对于数据跨境监管机构设置，由于各国国情不同，职能也存在不同。加拿大数据跨境监管机构为隐私专员办公室，主要负责个人数据跨境保护。日本数据跨境监管机构名称与职能与加拿大类似，谓之个人信息保护委员会。我国为国家互联网信息办公室（简称网信办），除了负责监管跨境数据之外，还管理其他互联网相关活动。针对车联网数据跨境监管机构而言，除了网信办，还包括公安机关、交通运输、工业与信息化等行业主管部门。如《汽车数据安全管理若干规定（试行）》便是由国家网信办、发改委、工业和信息化部、交通运输部联合制定。但车联网数据跨境监管部门设置过程中，为防止出现"九龙治水"现象的发生，可在国家网信办或交通运输部下设车联网数据管理委员会，加强对车联网数据的跨境监管。

（二）车联网重要数据跨境事先审核批准

数据跨境事先审核批准制度是指数据跨境应当事先向监管机构报告，

---

❶ 冯洁菡，周濛.跨境数据流动规制：核心议题、国际方案及中国因应［J］.深圳大学学报（人文社会科学版），2021（4）：88-97.

只有经过监管机构批准之后，方可践行数据跨境传输。俄罗斯根据重要与敏感程度进行数据分级管理，要求数据应当在境内进行留存。另外，部分国家数据在跨境审核批准时，还要求数据控制者应当取得数据主体的同意，方能进行跨境传输。如欧盟《通用数据保护条例》便规定信息控制者在进行数据跨境转移时，必须事先取得数据主体的同意。一般而言，数据出境需满足通过国家网信部门组织的数据出境安全评估、个人信息保护认证、强制性标准合同等条件之一。由于重要数据的出境必须要进行数据安全评估，数据安全维度之下的个人信息被纳入重要信息类型之中，且单独个人信息跨境并不能属于数据安全保护范围，车联网重要数据跨境前均应通过国家网信部门和有关部门的数据出境安全评估。对于单独个人信息的出境，可适用个人信息保护规则，通过个人信息认证、单独个人知情同意等权利手段加以实现。

（三）车联网重要数据的识别与备案

《数据安全法》和《网络安全法》对其所保护对象的识别所采取的方式具有较大差异。《网络安全法》对保护对象的确定，主要通过网络安全等级保护制度加以贯彻，并与《信息安全技术 信息系统安全等级保护定级指南》《信息安全技术 网络安全等级保护基本要求》等国家标准加以配合。《数据安全法》确立了重要数据概念，主要通过数据分级分类管理制度加以贯彻，今后将与涉及重要数据识别的相关国家标准加以配合确定。车联网重要数据具有复杂的表现形态，根据《数据安全法》等规定，车联网重要数据的识别在具体操作上，由国家层面确定重要数据的整体目录及标准，再由各地区、各部门根据国家层面的目录确定相关行业、领域的重要数据目录，以实现监管的一致性和协调性。❶《汽车数据安全管理若干规定

---

❶ 刘耀华. 强化重要数据和核心数据保护《数据安全法》构建数据分类分级制度［J］. 中国电信业，2021（9）：57-59.

（试行）》仅确定了重要数据的具体类型，今后应通过技术标准的方式，制定车联网领域的重要数据目录，明确车联网数据跨境治理对象，便于实际操作中准确识别车联网重要数据。

有学者认为，行政备案具有放松准入控制的规制特性，通过信息沟通和交流可为事后监管提供信息资源。❶ 备案的目的在于掌握特定主体在何地从事何种特定活动。重要数据备案是重要数据识别的直接后果。如《网络数据安全管理条例（征求意见稿）》第 29 条对重要数据识别后向网信部门备案的情形进行了规定。车联网重要数据具有公共产品属性，进行车联网重要数据备案有助于监管机构及时掌握车联网数据跨境情况，进而采取事后监管，同时亦为社会公众参与跨境数据治理提供便利。车联网重要数据处理者须按照法律规定的形式和时间向数据监管机构提供处理目的、规模、方式、范围、类型、存储期限、存储地点等完整、准确的信息，否则将承担法律责任。

（四）车联网重要数据跨境数据安全评估

考虑到车联网重要数据跨境影响国家安全、公共利益和个人利益，车联网重要数据跨境前均应向国家网信部门和有关部门提出数据出境安全评估，并定期履行出境安全报告。《数据安全法》第 22 条明确了数据安全风险评估制度。《网络数据安全管理条例（征求意见稿）》对赴境外上市的数据处理者的风险评估义务，以及一般评估内容和向境外提供重要数据的安全评估的重点评估内容进行了规定。《汽车数据安全管理若干规定（试行）》第 10 条对汽车数据处理者开展重要数据处理活动中的风险评估义务进行了规定。《智能网联汽车数据安全评估指南》对数据安全风险评估和

---

❶ 高小芳. 作为新型信息规制工具的行政备案：角色变迁、功能定位与效能保障［J］. 中国行政管理，2021（9）：30.

数据安全合规性评估的实施流程进行了明确规定。综合来看，车联网跨境重要数据的评估除了满足一般数据评估内容之外，重点评估内容应包括处理车联网重要数据基本情况（种类、数量、范围、保存地点与期限、使用方式）、车联网数据安全管理制度、车联网数据接收方的基本情况、开展数据处理活动情况，以及是否向第三方提供、车联网数据风险、涉及向境外提供数据的用户投诉及处理情况、发现的数据安全风险及处置措施等方面的内容，通过车联网重要数据安全评估，最大限度防范车联网数据跨境所带来的安全风险。

（五）参与全球车联网重要数据跨境治理

基于数据产业发展水平的限制，不同国家和地区对数据跨境监管秉持不同的理念，如美国强调数据的自由流动，对数据跨境保持较为宽容的态度，并通过长臂管辖和双边、多边谈判中的政治博弈影响其他国家或地区的跨境规则，巩固其数据霸权地位。而欧盟对数据的跨境监管则较为审慎，尤其是在个人数据方面，采取严格的保护。随着我国融入全球化程度的不断加深，我国车联网相关企业境外上市逐渐增多，跨国车企不断拓展我国市场，基于不同平台场景下车联网数据跨国交流日益频繁等，车联网数据安全问题不断涌现。诸如"滴滴出行"赴美上市引发的国内车联网数据信息披露问题，特斯拉等跨国车企车联网数据的境内存储问题等便是车联网数据安全问题逐渐显现的缩影。车联网数据安全关涉国家安全、公共利益及个人利益的维护，我国应拿捏好数据安全和数据共享之间分寸。2022年1月，国家发改委、商务部发布的《鼓励深圳开展数据跨境传输安全管理试点》明确指出，"在国家及行业数据跨境传输安全管理制度框架下，开展数据跨境传输（出境）安全管理试点"。车联网数据作为战略性基础资源，在数据跨境多边协议难以达成全面共识背景下，我国应加强车联网数据安全立法，完善数据企业资格准入、境内储存、数据跨境负面清单、跨境流通审批等规则体系，为车联网数据安全提供坚实的法治保障。同时，应综合运用多边协议或双边协议等多种方式，在不同国家或地区之间寻找车联网数据跨境监管的共识点，妥善处理车联网数据跨境监管水平和尺度不一的问题，确保车联网数据跨境监管效果，深度参与车联网数据全球治理。

二、车联网跨境核心数据的严格治理

较之车联网重要数据，对车联网核心数据跨境应采取更为严格的治理，但从当前的治理现状观之，应着重关注以下几个方面的问题。其一，重要数据与核心数据的界分问题。《数据安全法》虽然规定了重要数据和核心数据，并将核心数据定义为"关系国家安全、国民经济命脉、重要民生、重大公共利益等数据"，但重要数据和核心数据的界分标准并不明确。由于核心数据应比重要数据采取更为严格的保护，重要数据与核心数据的划分对车联网跨境数据的分类分级管理产生重要影响。《汽车数据安全管理若干规定（试行）》列举了重要数据类型，但并未提及核心数据概念。在对车联网核心数据进行概括定义的同时，亦应列举车联网核心数据的类型，彰显核心数据的独立性地位。其二，对关键信息基础设施的运营者所生成数据应纳入核心数据范畴。《数据安全法》第31条规定关键信息基础设施的运营者境内运营所生成重要数据的出境安全管理适用《网络安全法》的规定。《网络安全法》第37条一方面规定了关键信息基础设施运营者境内运营所生成重要数据的境内存储原则，另一方面规定了该数据若需向境外提供，应当按照国家网信部门会同国务院有关部门制定的办法进行安全评估。由此可见，《数据安全法》《网络安全法》均将关键信息基础设施的运营者所生成数据纳入重要数据类型之中。而从《网络数据安全管理条例（征求意见稿）》第37条对数据出境安全评估的规定来看，将重要数据和关键信息基础设施的运营者所生成数据并列对待。由于车联网重要骨干企业、关键信息基础设施、重要资源等领域所生成数据的跨境可能对国家安全、国民经济命脉、重要民生、重大公共利益造成严重的威胁或危害，故应将上述类型数据纳入车联网核心数据的范畴。其三，考虑到相关的法律规范性文件不可能穷尽所有的核心数据类型，国家在确定重要数据的整体目录及标准的同时，亦应将车联网核心数据纳入目录管理，便于车联网核心数据的识别，确保车联网核心数据管理制度的准确适用。其四，车联网核心数据适用车联网重要数据的一般规定，但在此基础上，应针对车联网核心数据进行更为严格的管理。如智能网联汽车运营主体只有在属于关键信息基础设施运营者的情形下，方可将个人信息纳入安全评估范围。对于其他车联网数据运营主体，个人信息须满足定性和定量要求，方可纳入数据安全评估范围。

三、车联网跨境个人信息的精准治理

各国由于信息技术发展水平的差异，对个人信息跨境所秉持的态度存在霄壤之殊，如欧盟严格的个人信息跨境单边限制与美国个人信息跨境的自由化主张便形成了鲜明对比。海量个人信息作为重要的生产要素，数据的有效流通对促进经济社会发展具有重要的作用，我国在加强车联网个人信息跨境治理以确保数据安全的同时，亦应通过谈判形成双边或多边协议，推动数据的共享，深入参与数据的全球治理。

（一）车联网个人信息跨境治理域外进路

由于车联网数据中个人信息跨境流动会关涉个人隐私与数据霸权，因此各国对于车联网数据跨境皆采取了不同规制措施。美国、欧盟、俄罗斯与中国等在车联网数据跨境领域的政策博弈较为明显。

1. 数据跨境单边限制——欧盟充分保护标准

欧盟地区人口相对较多,交易频繁,经济体量较大,产生的数据量也十分庞大。不过,囿于欧盟地区互联网企业发展较为迟缓,人工智能、电商产业亦发展缓慢,在谷歌、亚马逊等美国互联网巨头的冲击下几无抗衡之力。欧盟地区产业对于数据的需求远没有美国那么强烈,因此欧盟对车联网数据跨境采取了较为严格的管控措施,并创设数据跨境的"域外效力"管控方案,即要求欧盟成员国的企业将欧盟地区所获数据传输至未能对个人信息提供充足保护的非欧盟成员国时,可对个人数据的跨境流动与处理行为进行管控。通过此种方式向他国推行本地区个人数据保护法律制度或标准。❶

欧盟长期以来致力于相关法律文件的制定和推行,旨在通过法律法规在其成员国内采取严格的个人数据保护,防止个人数据的不当采集、存储、传输与利用,其中个人数据的跨境传输便是规制重点,以此实现个人信息跨境流动的限制,对抗他国的数据自由主义。1981年欧盟《有关个人数据自动化处理保护公约》便规定成员国可对基于保护隐私目的对个人数据的跨境流动进行保护,数据进口方如若不具有同等保护措施的,可禁止数据跨境流动;数据进口方是基于中介服务而将数据传输至第三国以规避个人数据监管的,出口国可禁止上述个人数据的跨境流动。❷1995年欧盟《与个人保护有关的个人数据处理与数据自由流动指令》中要求成员国以及非欧盟国家在欧盟地区进行商业活动时,应当对个人数据采取满足法律要求的充足保护,否则便会限制相关国家的组织或个人在欧盟地区获取、处理或传输数据。特别是当第三国对个人数据的保护不能满足"充足保

---

❶ DANCHIN P. Unilateralism and the International Protection of Religious Freedom: The Multilateral Alternative [J]. Journal of Transnational Law, 2022, 41: 33.

❷ Convention 108, Article 12.3 (a)(b).

护"之要求时成员国可禁止该数据的跨境流通。该指令第 25 条规定，跨境数据的属性和处理目的、数据流入国的数据保护水平、数据利用行业规则、数据安全保护措施等四要素构成是否达到充分保护条件的重要参考因素。❶ 当然，也存在例外情形的规定，即第 26 条明确规定，如若是基于履行合同需要、公共利益需要，在征得知情同意情形下，可跨境转移。❷2016 年欧盟通过的《通用数据保护条例》再次强调了个人数据跨境流动的严格管控立场，禁止成员国将数据转移至不能提供充分保护的非成员国或地区。❸ 同时，通过对个人数据概念的修订，删除个人数据处理中的自动化要求，使得个人数据涵盖范围得以扩大。与此同时，欧盟还要求信息采集者或控制人在对个人数据进行处理时，个人数据或终端设备数据的传输，如若不存在法律例外情形，应事先获得个人的明示同意，同意应当明确、清晰并且特定。欧盟确定的充分性保护判断的三要素主要包括：（1）数据跨境输入国的法治水平，对人权和自由的保护程度，综合性立法、特定立法与执法的情况；（2）执法机构的设置与运行有效性；（3）是否加入了个人数据保护的有关国际条约或达成了双边与多边条约，从而对个人数据保护与跨境流动承担相应的国家法义务。❹ 另外，数据的采集、传输与利用还应当遵循数据利用最小化原则。换言之，非必要不得收集与处理个人数据，否则构成对他人个人信息的侵犯。车联网数据中的三类涉及个人信息的数据可据此进行特别保护，如自然人的身份识别信息（如偏好、兴趣、宗教信仰等）、位置信息（实时位置、家庭住址等）、个人经历信息（如行

---

❶ Article 25（2）of the 1995 Data Protection Directive.

❷ 李艳华. 全球跨境数据流动的规制路径与中国抉择［J］. 时代法学，2019（5）：109.

❸ European Commission Memo MEMO/14/186, Progress on EU Data Protection Reform Now Irreversible Following European Parliament Votea（2014）.

❹ Article 45（2）of the 2016 General Data Protection Regulation.

政违法、刑事犯罪信息等）等。❶《通用数据保护条例》第 10 条规定，自然人的违法犯罪信息应当仅保存于政府记录之中，汽车服务提供商不可擅自采集、处理与利用、修改或删除，上传至车辆云端系统或进行车联网数据跨境交易流动亦为非法行为。❷ 不过，此种例外往往会被采取狭义解释，以防止条款的滥用或适用扩张，确保个人数据跨境流动安全以及立场得以坚守。

  欧盟对数据跨境流动的单边限制，也适用于车联网个人数据的跨境传输。车联网数据中的车主个人信息以及人机交互信息等，与个人信息密切相关，能够用于确定车主身份与特征的数据，在跨境传输时，成员国与非欧盟成员国也应当提供"充足保护"，即遵循车主个人事先同意原则，否则成员国可以对涉及个人数据的车联网数据跨境进行限制或者行政惩罚。欧盟此种单边限制政策对非欧盟成员国产生了较大影响。许多非欧盟成员国基于数据跨境传输限制的潜在制裁威胁，也按照欧盟数据保护水平对本国进行了相关数据立法，提升国内对个人数据的有效保护标准，从而实现对车联网个人数据的充分保护，以满足欧盟相关法律要求。如东欧地区国家中的阿尔巴尼亚、克罗地亚等国均参照欧盟个人数据保护指令对本国个人数据保护法律法规进行了修订，或制定了专门法律，以实现与欧盟地区的数据跨境传输自由。❸ 另外，加拿大、新西兰等与欧盟地区国家贸易往来频繁的国家也紧随其后，制定了个人数据保护法律法规，从而保证个人数据跨境流动不会遭遇欧盟的单边限制。欧盟此种对车联网个人数据跨境

---

  ❶ 欧盟委员会. 欧盟《一般数据保护条例》GDPR［M］. 北京：法律出版社，2018：8-50.
  ❷ EDPB Guidelines 2.0, paras.67-68.
  ❸ RETZER K, RICH C, WUGMEISTER M. Global Solution for Cross-border Data Transfers: Making the Case for Corporate Privacy Rules［J］. Georgetown Journal of International Law, 2007, 38（3）：449.

传输的单边限制措施,也是一种争夺个人数据保护国际话语权的手段。通过此种法律手段让国际社会接受个人数据跨境保护的欧盟标准,从而使得本地区的法律制度成为国际社会通用或默认的参照制度,最终引领个人数据法律保护制度的未来发展方向,抢占国际个人信息保护的制高点,从而获得国际数据贸易规则制定的主导权。

不过,欧盟地区对个人数据充分保护的高标准以及通过国内法倒逼他国实现法律协同的行为,不可避免地抵触了他国政治、经济、文化发展的现实需要,而受到抵制或排斥。❶ 毕竟许多国家的互联网发展水平高于欧盟国家,因产业发展要求,需要大量数据的支撑,如对人工智能或数据产业而言,适度的数据流动自由有利于产业发展,而欧盟的个人数据跨境充足保护会对未来产业升级与改造形成阻碍,因此这些国家难以与欧盟采取一致的法律制度。在《安全港协定》(*Safe Harbor Framework*)签署之前,美国互联网巨头在欧盟进行数据商业运营时,便对欧盟数据跨境的单边限制政策较为担忧,认为此种单边限制政策将会影响美欧之间贸易自由,并引起贸易争端。❷ 欧盟认为美国联邦层面缺乏隐私保护的综合立法,其数据保护未能实现与欧盟法律实质等同(essentially equivalent)的保护水平,因此不符合欧盟数据保护的充分性要求,进而禁止数据向美国进行跨境传输。为解决美欧之间数据跨境政策的冲突,美欧之间自 1998 年开始磋商《安全港协定》,试图在两国之间建立数据跨境便捷通道。2000 年,双方制定了《安全港协定》,美国借此获得了欧盟部分充分保护认定。《安全港协定》包含了数据保护的众多原则,美国企业通过自愿声明并承诺相应义

---

❶ BAKER M B. No Country Left Behind: the Exporting of U.S. Legal Norms under the Guise of Economic Integration [J]. Emory International Law Review, 2005, 19: 1321.

❷ SALBU S R. Regulation of Borderless High-technology Economies: Managing Spillover Effects [J]. Chi.J. Int'l L, 2002, 3: 142.

务，以换取数据跨境流动不受限制，易言之，加入《安全港协定》的美国企业将承担比其他美国企业更严格的数据保护规则。

2013年斯诺登爆出美国"棱镜门"事件后，使得国际社会一片哗然，纷纷担忧美国的数据与个人隐私保护。奥地利马克斯·斯荷姆思（Max Schrems）便就Facebook跨境转移其个人数据至美国未取得其同意，以违反欧盟充分保护原则为由，向爱尔兰数据保护委员会进行投诉。❶ 该案诉至欧盟法院后，欧盟法院审理后认为，Facebook在执行数据跨境规则时，将美国国家安全与遵守美国法律置于欧盟个人信息保护规则之上，无法保证欧盟公民的个人信息在美国得到充分保护。同时，《安全港协定》亦不符合欧盟充分性保护要求，从而判定《安全港协定》无效。欧盟法院的判决使得美欧之间建立的数据跨境制度安排失效，双方亟待新的冲突解决机制与制度安排。因此，2016年美欧达成《隐私盾协议》（Privacy Shield Framework），美国在数据保护与跨境制度方面作出了较多的妥协，包括美国政府向欧盟递交国家安全、公共利益保护明确标准和执法监管范围，并设置监察员制度处理欧盟公民个人数跨境流动至美国的保护要求。监察员可以监管个人授权的数据跨境传输，也可监管标准合同条款（Standard Contractual Clause）、捆绑式企业条款（Binding Corporate Rules）等方式流动至美国境内的数据。❷ 不过值得注意的是，《隐私盾协议》的制定更多是对《安全港协定》的进一步深化，且相关制度的出台是为了弥补《安全港协定》的缺陷而重新议定。实际上《隐私盾协议》仍未能摆脱国家安全与个人隐私保护考虑的悖反，无法根本解决美国国家安全局和其他美国机构对欧盟数据的跨境转移或监控，欧盟公民的数据仍面临着被美国互联网巨

---

❶ 单文华，邓娜. 欧美跨境数据流动规制：冲突、协调与借鉴——基于欧盟法院"隐私盾"无效效的考察［J］. 西安交通大学学报（社会科学版），2021（5）：95.
❷ 刘碧琦. 欧美《隐私盾协议》评析［J］. 国际法研究，2016（6）：35-47.

头,如You Tube等进行收集与跨境转移。由于Facebook在《安全港协定》无效后改用标准合同条款将欧盟公民数据向美国进行传输,2015年马克斯·斯荷姆思再次向爱尔兰数据保护委员会进行投诉,以美国无法提供有效充足的个人数据保护为由,要求禁止Facebook使用标准合同条款收集个人数据。由于此案审理期间,《隐私盾协议》在美欧之间达成,因此爱尔兰高等法院对该协议进行了审议。该案后诉至欧盟法院,欧盟法院认为美国企业在对个人数据收集与访问时,没有适当限制个人数据的适度范围与必要程度,且基于此种适度范围与必要程度的缺乏所产生的争议,美国没有给予欧盟公民提供争端解决与救济机制,特别是司法救济机制,美国国家安全部门可以任意、普遍地对欧盟公民数据进行收集与转移,无法受到有效约束。因此2020年欧盟法院认为,根据《隐私盾协议》,美国企业在不满足欧盟充分性保护的法律要求下,仍然可以进行欧盟成员国公民的个人数据的跨境转移,违反了欧盟相关数据保护的规定,《隐私盾协议》最终被欧盟法院认定无效。

欧盟关于数据跨境立法侧重于个人信息保护,以防止他国非法利用欧盟成员国个人数据。美国任由企业来获取、访问欧盟公民数据亦在忧虑范围之内,而美国对此并未给予有效救济。故在《隐私盾协议》被欧盟法院认定无效后,欧盟法院多次表示美国政府基于国家安全和发展利益,单向制定相关法律法规,如1978年《美国涉外情报监视法案》与《美国执行法令12333》行政命令,其中相关规定不符合《欧盟基本权利宪章》要求,与欧盟对个人信息的保护水平无法形成"实质等同"。[1] 尽管《美国涉外情报监视法案》第702条确立了最小化原则,要求美国国家安全局仅在经过过滤选择装置筛选特定目标方之后,方可进行监控,但由于该法案授

---

[1] GORSKI A. Summary of U.S. Foreign Intelligence Surveillance Law, Practice, Remedies, and Oversight [M]. New York: American Civil Liberties Union, 2018, 1-44.

权相关情报部门可进行大规模监控,且过滤装置仅针对美国公民进行筛选保护,而外国公民数据不在筛选保护之内,相关部门仍可以进行任意抓取与锁定。❶这显然与欧盟宪法层面将个人数据列为基本人权进行保护的趣旨不符。因此,欧盟对车联网个人数据向美国进行跨境流动,采取了较为严格的限制,以防止美国以国家安全为由任意跨境转移欧盟公民的个人数据,加强对欧盟公民个人数据严格保护。

对于产业发展滞后、互联网水平发展不高的国家,在涉及诸如车联网数据跨境流动时,便须考虑数据保护水平是否与欧盟的数据保护水平保持一致。基于欧盟会对非欧盟国家或第三国的法律或执法实践进行评估,判断其在保护个人数据上是否具有与欧盟同等的有效性,如若保护力度难以实质上与欧盟保护水平等同,那么数据跨境转移将被禁止或限制,或者要求其采取必补充措施以实现保护水平的等同性。必要补充措施可参照欧洲数据保护委员会2020年发布的《转移工具补充措施指南》,其中列举了欧盟《通用数据保护条例》第46条所述的补充措施。欧盟法院表示欧盟应当坚持优先保护个人隐私与数据安全,而非数据跨境交易所产生的经济效益。❷受制于国内产业与经济发展阶段水平,许多国家难以采取高标准保护个人数据跨境流动,否则将产生高额的监管成本负担。欧盟对车联网数据等个人数据采取立足于充分性认定机制、标准合同条款以及捆绑企业条款等严格跨境流动单边限制政策,将会对他国利益造成严重损害,彼此之

---

❶ GORSKI A. Summary of U.S. Foreign Intelligence Surveillance Law, Practice, Remedies, and Oversight [M]. New York: American Civil Liberties Union, 2018, 1-44.

❷ 单文华,邓娜.欧美跨境数据流动规制:冲突、协调与借鉴——基于欧盟法院"隐私盾"无效案的考察[J].西安交通大学学报(社会科学版),2021(5):96.

间难以避免产生价值理念冲突,因此会被视为"制度霸权主义"❶,可能会阻碍长期的贸易自由与合作。❷1990年联合国制定的《关于自动化处理个人数据档案保护指令》秉持的立场,与欧盟充分保护标准具有一致性,其中规定成员国之间的数据跨境自由应当建立在两个及以上国家对个人数据保护相当的基础之上,即数据跨境的交易方之间的个人数据保护水平应当实质相当。

2. 数据跨境适度限制——相关方谈判下的妥协保护机制

车联网数据跨境传输至少会涉及两个国家,在数据传输国之间可以就数据跨境流动规则加以磋商,以减少跨境矛盾与纠纷。与车联网数据跨境的单边限制措施相比,两国之间通过务实的双边谈判与磋商,在信息充分传递与利益诉求直接表达的基础上,达成双边性的协议或约定,能够有效减少因单边强制性制度输出所带来的矛盾与冲突。较之多边谈判,双边谈判可以有效避免多边协议产生的利益多方冲突与立场碰撞,能够减少跨境数据安排达成时间。谈判成本降低,合作也更加容易推进,因此数据跨境双边性谈判具有较强的操作性。同时,全球性多边谈判形成的多边协议同样由于众多国家的参与,使得制定的数据跨境流动政策文本更加具有普遍性与实效性,且由于降低了相关数据采集、监管成本,建立了明确的数据跨境规制法律机制,增加了协议执行的透明度,使得企业在全球实施数据转移业务时能够形成稳定预期,促进国际数据贸易正常进行。不过,由于参与全球性多边协议国家的数据产业发展水平不同和政治利益诉求多样,

---

❶ "制度霸权主义",是指在国际贸易中经济及政治实力强的一方会利用其优势地位将其国家利益制度化并纳入国家贸易规则体系中去。参见:PIILOLA A. Assessing Theories of Global Governance: A Case Study of International Antitrust Regulation [J]. Stanford Journal of International Law, 2003, 39: 207.

❷ YUEN S. Exporting Trust with Data: Audited Self-regulation as a Solution to Cross-border Data Transfer Protection Concerns in the Offshore Outsouring Industry [J]. Columbia Science and Technology Law Review, 2007, 9: 41.

谈判时间冗长、成本更高，协议条款妥协性更大。

事实上，各国基于经济社会发展考量，通过联合国、亚太经合组织等国际、区域性组织进行了数据跨境流动指南或政策指引制定的尝试。如2005年瑞士举行的数据保护与隐私专员国际会议，达成了《蒙特勒宣言》，并指出各国个人数据保护立法与执法存在差异与分歧，各国应当在互相尊重差异的基础上，促进数据跨境自由和建立全球性贸易标准，加强个人信息保护，并将个人信息保护视为人权，意在衡平数据跨境自由与个人信息保护。2010年11个国家与地区基于个人信息保护与数据跨境贸易建立了全球隐私执行网络（The Global Privacy Enforcement Network），主张加强数据跨境流动中的个人信息保护，彼此分享跨境数据保护经验，加强数据跨境保护实践合作，建立数据监管联合机构。有学者指出，可以通过WTO将数据跨境纳入服务贸易进行谈判，形成数据跨境协定。[1] 无须赘言，随着大数据技术的普及，数据跨境收集、存储、处理与利用将变得更加重要且遍及全球，主权界限必然难以限制数据跨境交易，数据跨境交易规则制定必然需要多国共同参与。即便是欧盟在区域内达成了数据跨境规则的一致性，但在数据传输至非欧盟成员国时，仍面临着个人信息泄露的隐忧与数据跨境的壁垒，因此需要全球性多边协议方能降下数据"铁幕"，在保护个人数据同时，促进数据跨境合理传输，实现数据跨境的适当限制。

就全球多边协议而言，WTO成员方就《服务贸易总协定》谈判过程中形成的第14条便可视为向数据跨境适度限制提供了基础规则。《服务贸易总协定》所规定的服务贸易四种形式中的跨境交付，可一定程度上适用于数据跨境流动。《服务贸易总协定》第14条规定，成员方应当采取与协定不相抵触的措施，防止欺诈，确保数据传输中个人信息保护以及国家安

---

[1] 翁清坤.论个人资料保护标准之全球化[J].东吴法律学报，2009（1）：23.

全。在"美国赌博案"中,上诉机构便明确了数据传输中个人信息保护应当满足三个条件:充分遵守相关法律法规,不违反 WTO 原则与规则,国家安全例外应当在特定情形下方能适用数据传输类型。❶《服务贸易总协定》的导言中也规定,成员方相关措施与法律制度不可对贸易自由构成任意与不合理的歧视,或变相阻碍贸易自由。❷

就双边协议而言,具有代表性的数据跨境双边协议包括上文提及的美国与欧盟就个人数据跨境传输达成《安全港协定》与《隐私盾协议》,此两项双边协议有效减少了欧盟与美国就个人数据跨境流动中存在的隐私侵权忧虑,大大促进了双方的数据贸易,并使得双方在个人数据保护立法与执法方面差异得以逐渐缩小。《安全港协定》中规定了 7 项与个人数据有关的保护规则,包括通知、选择、前置转移、安全、数据完整性、进入与执行原则等。美国企业如若需要在欧盟地区采集、处理与转移欧盟公民个人信息至美国,可通过加入该协定并承诺遵循协议规定的内容,便可视同满足了个人数据保护指令所要求的充分性要求。❸ 以此避免美国未获得欧盟白名单认证导致的数据跨境传输限制。❹《隐私盾协议》是《安全港协定》被集体诉讼至欧盟法院从而被判决无效后,欧盟与美国重新达成的双边协议,该协议规定美国企业应当公开个人数据收集与利用规则,并且定期自证自查个人数据保护实施状况;在适用范围上,不仅规制美国企业的数据采集与跨境传输行为,也可规制美国政府与国家安全部门的数据收集与转移行为,要求美国政府与国家安全部门应当书面承诺在符合明确限制条件

---

❶ Panel Report, US-Gambling, para. 6.477.
❷ Appellate Body Report, US-Gambling, para. 292.
❸ 李艳华. 全球跨境数据流动的规制路径与中国抉择[J]. 时代法学, 2019(5): 112.
❹ FROMHOLZ J M. The European Union Data Privacy Directive [J]. Berkeley Technology Law Journal, 2000, 15: 483.

下方能出于国家安全目的访问欧盟公民数据,并设置年度联合个人数据隐私保护审查机制;增加了企业申诉与强制性终局仲裁等数据跨境纠纷解决机制。❶ 此种双边谈判达成的协议,也影响了其他国家之间的数据跨境谈判,如美国与瑞士之间达成的"安全港架构",便是类似于美欧之间就个人数据保护制度差异所达成的《安全港协定》谈判模式。此种双边性数据跨境协议,也使得协议方无须启动国内法修改程序,而是通过协议的制度设计使得协议方的企业能够满足对方的个人数据保护要求,从而促使数据跨境交易得以顺利达成,有效降低了协议方的立法或修法成本。另外,还存在其他双边性数据跨境流动双边协议。2018 年日本与欧盟就数据跨境等一系列问题进行了磋商与谈判,最终签订了《日欧经济伙伴关系协议》,该协议于 2019 年生效。该协议确认了日本个人数据保护具有欧盟实质同等水平,因此日本获得了欧盟数据跨境的充分性认证,进入了欧盟数据跨境认证的"白名单",日本企业可自由收集与转移欧盟公民的个人数据。❷ 日本进入"白名单"意味着日本企业将承担更为严格的个人数据保护规则,相对于日本国内法,此种双边伙伴关系协定对日本企业数据跨境自由变相施加了适当限制。

诚然,关于车联网等数据跨境双边协议的谈判与达成、协议条款设置与协议方的政治经济力量博弈有关。如若两国之间的政治经济力量相当、差距不大,那么达成的协议是经过唇枪舌剑据理力争后妥协之结果,对双方均有利,有助于双方数据跨境贸易的有效进行,互惠互利。反之,协议双方政治经济力量相差悬殊,那么达成的协议对一方有利,对另一方则存

---

❶ 黄雅晴.跨境数据流动的法律规制与中国应对[J].市场周刊,2021(4):171.

❷ 傅盈盈.数字经济视野下跨境数据流动法律监管制度研究及对我国的启示——以日本为例[J].市场研究导刊,2021(33):126.

在一定程度的损害，协议的执行必然造成双方利益的失衡。❶ 双边性数据跨境协议由于是两国之间使用的协议，其适用范围相较于多边协议较窄，无法将之直接适用于其他国家，因此需要重复进行双边谈判，这无疑会增加谈判的时间，造成谈判过程冗长和增加协议达成的不确定性，使得谈判成本显著增加。另外，协议的存废亦是问题，《安全港协定》与《隐私盾协议》均被欧盟法院认定无效而被废弃。由此观之，双边数据跨境协议虽可就数据跨境核心争议事项进行妥善的制度安排，充分表达双方诉求，短期内调和两国之间的数据流动矛盾；但长期来看，数据跨境具有全球化特性，必然涉及多国，无法以两国之间的双边协议取得一劳永逸之制度安排效果，因此多国之间达成多边性协议进行区域性数据跨境制度设计，方是治根之策。

以《区域全面经济伙伴关系协定》（RCEP）为代表的多边性贸易协议针对数据跨境的制度安排，便是采取数据跨境的适度限制予以设计。2012年以东盟为发起与主导方的 RCEP 历经长达八年冗长的谈判磋商，于 2020 年在第四次领导人会议得以达成通过，我国作为初始缔约方与东盟十国、日韩澳新等亚太国家正式签署了相关协议。RCEP 第 12 章第 8 条、第 9 条规定缔约方应当允许数据跨境自由，努力避免对数据跨境施加不必要监管负担，但是也应当具备个人数据保护立法与执法法律框架，并公布相关个人数据保护政策与程序。第 12 章第 14 条规定，有关数据跨境的计算机设施使用与位置，不得要求放置于缔约方领土范围内作为开展商业活动的条件。第 12 章第 15 条规定，缔约方不得人为设置障碍阻碍数据跨境传输。同时，第 12 章第 15 条第 1 款规定，各缔约方均同意对数据跨境进行必要监管和各自的监管要求。但是，同时为个人信息保护规定了例外情形，即

---

❶ BAKER M B. No Country Left Behind: The Exporting of U.S. Legal Norms under the Guise of Economic Integration [J]. Emory International Law Review, 2005, 19: 1321.

基于合法公共政策目标可采取必要措施对计算机使用与放置地点进行约束，但此种措施不得构成任意或不合理的数据跨境限制。另外，RCEP 增加了缔约国可基于基本安全利益采取任意措施对计算机设施使用与放置进行监管。RCEP 协议的制度安排表明，其主张数据跨境的适度限制，即在支持数据跨境自由的同时，基于人权保护与监管要求，规定可以合法的公共政策目标与基本安全利益，对数据跨境进行监管与适当限制，但是此种限制应当必要且理由充分。

3. 数据跨境的反限制——美国自由化主张与多边性反限制安排

美国是互联网的发源地，互联网产业发达，数据收集、存储、处理与转移能力强大。依托谷歌、微软、苹果、Facebook、英特尔等数据产业和超过半数的全球计算能力靠前的数字交易平台，美国能够拥有海量的个人数据和数据跨境交易经验，因此，在数据跨境转移上，美国始终秉持数据跨境自由主义，要求放松对数据跨境的限制。此种数据跨境自由化主张与美国一直坚持的新自由主义一脉相承，认为政府应当对市场运行放松管制。此种理念体现在数据跨境流动上，便是要求政府对数据隐私保持放任与不干涉原则，通过市场力量实现数据跨境的自由与促进经济发展，不可人为设置障碍，形成数据传递的幕墙。美国政府多年来也一直坚持优先鼓励市场主体自发创新发展，提倡市场自治，尽量不要限制企业的商业经营行为。20 世纪 90 年代，时任美国总统克林顿还极力向全世界推行美国的新自由主义，提出行业自治应当成为全球标准。❶ 美国宪法第一修正案便规定禁止任何对言论自由进行减损的行为或法律，而数据自由便被视为言论自由的组成部分。美国佛蒙特州数据隐私法案禁止药店和健康保险企业未经患者知情同意的情况下出售或商业性使用个人数据，后被法院认定为

---

❶ FRRELL H, NEWMAN A L. Of Privacy and Power: The Transatlantic Struggle over Freedom and Security [M]. Princeton: Princeton University Press, 2019, 13-66.

限制了药店与保险企业的言论自由，后该数据隐私法案被废除。❶ 美国以《信息时代核心基础设施保护》《全球电子商务框架》等法案与制度安排，积极推进以市场话语（market discourse）主导跨境数据自由流动，将个人数据保护置于市场利益交换之下，通过市场机制平衡数据跨境交易中的多元利益关系。❷

针对数据跨境贸易，美国坚持在保证数据跨境自由优先的前提下，数据收集、存储、处理等企业方可合理采取措施对数据的安全性提供保护。相较之欧盟的统一严格事前数据跨境审查不同，美国则主张行业自治，行业自行制定数据跨境保护规则与标准，仅在事后发生隐私泄露或侵权时进行处罚。通过此种方式，美国尽可能地减少了数据跨境交易的障碍，有效降低交易成本，促进数据传输自由，减少了监管机构的压力。

美国对于个人数据保护主要处于以下两大层级：网上隐私联盟（Online Privacy Alliance）的建议性指引与美国隐私认证企业 TRUSTe 与 BBB Online 制定的隐私保护程序（Privacy Seal Program）。前者着重于消费者个人数据被收集与转移的知情同意，后者则侧重于根据联邦贸易委员会的隐私保护原则来制定行业个人数据保护规则。不过上述规则与指引，均是自律型规则，相较之欧盟的充分性保护要求，基本属于个人数据保护的最低标准。❸ 美国也不存在联邦层面的综合性数据隐私法案，相关隐私保护执法由联邦贸易委员会执行，以《联邦贸易委员会法》第 5 节之商业欺诈为执法基础，未存在专门的隐私保护执法机构。即便是号称美国最严格

---

❶ 单文华，邓娜.欧美跨境数据流动规制：冲突、协调与借鉴——基于欧盟法院"隐私盾"无效案的考察［J］.西安交通大学学报（社会科学版），2021（5）：97.

❷ 冉从敬，刘瑞琦，何梦婷.国际个人数据跨境流动治理模式及我国借鉴研究［J］.信息资源管理学报，2021（3）：34.

❸ 张舵.略论个人数据跨境流动的法律标准［J］.中国政法大学学报，2018（5）：102.

的网络隐私保护法案的《加州消费者隐私法》，也未明确限制数据跨境传输，❶反映了美国对数据跨境转移的自由主义立场，即数据跨境反限制立场，主张数据跨境流动回归自由市场，原则上不限制数据的自由流动。

另外，美国不遗余力地消除数据本土化政策。区域性多边谈判达成的协议也会涉及数据跨境规则，美国数据跨境自由政策融入相关的多边协议的谈判之中，如《跨太平洋伙伴关系协议》（TPP）中第14.13.2条便明确要求成员方不得设置数据与计算设施应放置于领土之内的条件，表明反对数据本土化的态度。在《美墨加自由贸易协定》第19.11条也规定除了为实施公共政策之目的以外，禁止成员国采取措施禁止或限制数据自由传输。同时第19.12条规定成员国不得要求商业运作应当使用领土内的计算机设备存储数据，且在第19.18条提出应当公开政府数据以便数据便利自由获取与流动。美国近些年签署的自由贸易协定无不在强调以下两点：反对数据本土存储；主张各国应当允许数据跨境自由流动，反对数据壁垒。《美国与韩国自由贸易协定》第15条第8款便规定，缔约方应当允许数据跨境传输以便捷数据处理之目的，不可人为在数据自由流动上设置障碍。❷

另外，《全面与进步跨太平洋伙伴关系协定》（CPTPP）的数据跨境规则继承了TPP中美国主张的数据跨境自由贸易原则，规定了成员方应当允许数据自由跨境和禁止数据跨境歧视与限制。CPTPP是2017年美国退出TPP后，日本接替美国作为协议谈判主导方形成的，在电子商务部分第14章形成了一系列关于数据跨境的规则。其中CPTPP第14.11条规定，缔约方有权对数据跨境进行适度监管，不过应当允许数据在缔约方之间进行自由跨境流动，不可基于经营来要求数据的本土存储或禁止出境。但是，此

---

❶ 范思博.数据跨境流动中的个人数据保护[J].电子知识产权，2020（6）：90.

❷ US-Korea FTA, Annex 13-B Section B.

种数据跨境自由流动也不是无所限制的，协定也为缔约方预留了数据跨境规则的立法裁量空间。易言之，立足于合法公共政策目标可对数据跨境流动进行适度限制，但不能进行任意或不合理的贸易歧视与限制，限制的程度亦不得超过实现公共政策所需的限度。第14.12条规定缔约方可对境内的计算机设备使用与数据存储进行监管，如数据安全与机密保护监管，但缔约方不得以计算机设备放置和使用于领土内作为允许其开展经营性活动的前提，不过也设定了例外情形，即为了合法的公共政策目标可以适当限制计算机设备使用与设置；当然也不得变相构成对数据自由的限制与歧视，限制的程度亦不得超过公共政策实现所需的限度。❶ 由此可见，CPTPP原则上鼓励数据跨境自由流动，禁止数据本土化原则的适用，同时为了人权保护的需要，规定了例外情形允许缔约方对数据跨境与监管，以便使协议得以在众多国家或地区之间尽可能地达成一致而作出的让步。纵然如此，这丝毫不影响CPTPP协议延续美国建立TPP时的数据自由理念，秉持数据跨境的反限制原则。

值得一提的是，TPP与CPTPP均不是最早主张数据跨境自由、反对数据跨境限制的多边协议。早在1980年OECD便在美国倡导下制定了《关于保护隐私与个人数据跨境流动准则》，其中规定应当坚持数据跨境自由流动，不得以个人信息保护与自由为由，制定政策与法律阻碍数据跨境流动。这表明缔约方分布范围广泛的多边协议，虽然需要统筹协调不同国家数据保护方面的差异，但是基于主导国在政治、经济上的巨大实力，特别是数据产业霸权，往往对协议条款能够施加重大影响，使得本因利益冲突、信息不确定而妥协的协议文本通常最终表现为倾向于具有强大综合实

---

❶ 中华人民共和国商务部.《全面与进步跨太平洋伙伴关系协定》(CPTPP)文本（含参考译文）[S/OL].（2021-01-11）[2022-01-12]. http://www.mofcom.gov.cn/article/zwgk/bnjg/202101/20210103030014.shtml.

力的国家之主张。❶ 在美国数据跨境自由理念影响下，诸多的多边性协议均一定程度吸收了该原则，反对数据跨境限制。

（二）主权互信缺失与数据霸权下车联网个人信息跨境治理困境

由于车联网数据的跨境流动多是企业基于利益驱动下的商业行为，车联网数据的跨境流动具有经济合理性，通过信息交流，提升交易透明度，从而促进资源优化配置，增进经济效率。但由于车联网数据关涉个人信息，与个人隐私与安全关系密切，故需要对其进行有效规制。由于车联网的跨境传输不同于一国领土范围内的国内传输，涉及多国的主权管辖，仅依靠一国或某一区域性组织进行内部规范往往捉襟见肘，不足以达到个人信息有效保护和规制。另外，由于各国的立法不尽相同，执法力度和标准不一，车联网数据中的个人信息保护水准亦存在较大差异。在个人信息保护标准较低的国家，个人信息可能被不当利用，从而对个人隐私造成重大隐患。另外，即便事实上他国的个人信息保护制度与执法力度均高于本国，人们基于信息缺乏或掌握不足，或者宣传误导、偏见等影响，仍会对别国产生不信赖。因此，人们会难以对其他国家产生与本国一样的信赖，即难以信赖其主权信用可以提供有效的个人信息保护。

车联网数据中未被脱敏处理或者匿名化的个人数据尤其是敏感个人数据，当跨境流动成为域外企业进行商业使用与开发的对象时，数据中涉及的个人隐私便可能被泄露等侵权使用。特斯拉公司对其采集的车联网数据，基于其车辆服务提供条款中的隐私条款规定，车主使用其车辆相关的产品或服务便意味着车主授权或同意将个人数据交由车企使用或与车辆交

---

❶ YU P K. Currents and Crosscurents in the international intellectual Property Regime [J]. Loyola of Los Angles Law Review, 2004, 38: 323.

互过程中产生的数据转移至居住国以外的其他国家或地区。❶ 特斯拉公司总部位于美国,其所获得的车联网数据转移地为美国。美国是互联网的发源地,在计算机技术与网络技术上独步全球,为维持数据垄断优势及数据霸权,长期致力于在数据跨境传输利用等方面坚持反对数据本土化以及秉持数据自由交易政策,从而使美国得以收集诸多全世界的数据,以作为未来产业竞争的核心资源。美国在奥巴马主政期间倡导的 TPP 第 13 条与第 14 条中规定,协定缔约方不得要求其国内组织或个人将计算机设施或数据置于领土之内作为商业经营之条件。❷ 美国在特朗普总统执政时与墨西哥、加拿大重新签订的《美国—墨西哥—加拿大协议》(USMCA)亦是采取同样的规定,要求协议签署国不得要求数据的本土化存储,从而极力反对数据本土化。反对数据本土化理念在美国与英国、韩国、日本等相关谈判中亦可见一斑。

（三）我国车联网个人信息跨境治理思路

个人信息的跨境治理既涉及个人信息保护,亦涉及数据安全管理。个人信息保护维度下的个人信息跨境治理,强调以知情同意为核心构建个人信息跨境规则,依赖于合同、明示同意、认证等私权保护手段。如《个人信息保护法》第 39 条便规定个人信息跨境时,个人信息处理者应向个人信息主体告知接受方的基本信息、处理目的、处理方式、个人信息的种类以及个人信息主体对接受方所拥有的相关权利。数据安全管理维度下的个人信息跨境治理,则更多将个人信息纳入重要数据范畴,强调国家对个人

---

❶ 特斯拉中国.客户隐私声明[EB/OL].(2021-03-23)[2021-07-10]. https://www.tesla.cn/legal/privacy#international-transfers.

❷ 刘云.中美欧数据跨境流动政策比较分析与国际趋势[J].中国信息安全,2020(11):75.

信息的管理，如数据安全评估、数据监管、标准合同的管控、境内存储的规定等。

　　车联网个人信息作为重要数据的类型之一，虽然数据安全维度之下车联网个人信息跨境治理属于重要数据跨境治理的范畴，并适用车联网重要数据的跨境治理规则，但这并非意味着车联网个人信息数据跨境没有独立的保护价值。反之，车联网个人信息作为车联网数据的重要类型，将其从重要数据中提取出来加以单独讨论有助于厘清车联网个人信息私权保护与公权管理之间的界限，强化公权力对车联网个人信息的有效保护。车联网个人信息跨境治理需要把握量级、敏感程度等方面的问题，通过明晰个人信息匹配重要数据的情形，促进车联网个人信息在车联网重要数据规则中的精准适用。其一，鉴于针对单独的个人信息，已有个人信息权的存在，个人信息主体通过权利行使更为经济和有效，公权力没有必要介入单独个人信息的跨境。其二，将个人信息纳入重要数据必须有量级的要求，《汽车数据安全管理若干规定（试行）》直接将涉及个人信息主体超过 10 万人的个人信息纳入重要数据范畴，进而适用车联网重要数据跨境规则。《网络数据安全管理条例（征求意见稿）》并未将达到一定量级的个人信息纳入重要数据范畴，而是将处理 100 万人以上个人信息的数据处理者向境外提供个人信息时，和重要数据一样予以数据安全评估，且适用同样的法律责任。鉴于一般数据、重要数据、核心数据的划分已然成为数据分类分级管理的约定俗成的标准，将车联网个人信息与重要数据加以并列并无必要，直接将个人信息纳入重要数据范畴更加符合我国数据安全制度立法趣旨，亦有利于车联网重要数据的一体化治理。纵然如此，对达到何种量级的个人信息跨境纳入重要数据范畴，《汽车数据安全管理若干规定（试行）》和《网络数据安全管理条例（征求意见稿）》的规定并不统一。受制于个人信息内容不同、行业领域不同、技术水平差异等因素影响，在不同的场景下个人信息量级较难统一，可行的办法是，在确定静态量级基准的基础上，给出相应权重系数加以动态确定量级，确保制度的开放性和稳定性相统一。其三，对未达到量级的个人信息并非必然排除在重要数据范畴之外，若涉及包含人脸信息、车牌信息等的车外视频、图像数据等敏感个人信息，亦应纳入重要数据跨境治理对象之中。其四，车联网个人信息跨境涉及数据流入国（地区）与数据流出国（地区）之间的数据流通，在制定国内个人信息跨境规则时，应积极主导建立双边或多边性个人信息跨境规则，提高个人信息跨境规则制定的话语权，推动个人信息相互认证、跨境个人信息白名单等制度，实现数据安全与数据共享的平衡。

第五章

车联网数据规则治理之"体系构造论"

车联网数据法律治理体系包括个人信息维度下的源头治理、数据产权维度之下的产权治理、数据安全维度之下的跨境治理,虽然不同治理维度下的制度自成体系,但并非意味着车联网数据治理制度之间相互割裂、毫无关联,与之相反,不同维度之下的车联网数据治理对象具有密切联系,使得不同维度之下的车联网数据治理制度之间保持良好互动。如车联网个人信息经过匿名化以及聚合加工之后,可转化为车联网企业数据;车联网企业数据在利用过程中恢复可识别性的,亦可回归至车联网个人信息;涉及重要类型的车联网企业数据本身亦是车联网重要数据;车联网个人信息基于量的累积可以转换成为车联网重要数据等。由此可见,不同治理维度之下车联网数据治理制度并非孤立存在,而是共同构成了车联网数据法律治理体系。

第一节 车联网数据法律治理原则

车联网数据法律治理原则在车联网数据法律治理体系中占据统领性地位。法律体系并非同一水平规范的集合,法律的价值目标选定后,通过法律原则和法律规范的层层规范化、具体化，最后贯穿于法律调整过程在社会中得以实现。❶ 车联网个人信息保护、车联网企业数据产权保护、车联网数据安全保护作为车联网数据法律治理体系重要构成部分，虽皆有各自适用的具体原则，但明晰上位的车联网数据法律治理原则，有利于确保车联网数据法律治理体系不同制度的价值融贯。

一、公权与私权协调保护原则

数据权利是一种兼具财产权属性、人格权属性以及国家主权属性的复合型权利❷，即数据权利具有公权与私权双重属性，其公权属性围绕国家保护数据安全、公共利益展开，其私权属性则以保护个人信息权益和企业数据财产权利为主。车联网数据治理包括个人信息保护、企业数据保护、跨境数据监管等维度，既涉及公权力对车联网数据治理的介入，又涉及私权对车联网数据的保护，公权与私权的交融使得在车联网数据不同领域派生出若干子原则。如针对车联网个人信息保护，除了《个人信息保护法》所确立的目的明确、最少够用、公开告知、知情同意、质量保证、安全保障、诚信履行、责任明确等共性原则之外，还包括车内处理原则、默认不收集原则、精度范围适用原则、脱敏处理原则等特殊原则。针对车联网企业数据保护则主要包括保护数据开发者利益、鼓励数据合理利用、保障数据交易安全、信息主体与信息处理者利益相协调等原则。针对车联网跨境数据监管，既包括秉持多边主义、兼顾安全发展、维护公共利益等原则，还包括分类分级保护、境内存储、推动全球数据治理等原则。由此可见，在个人信息维度、数据产权维度、数据安全维度等不同层面皆存在各自适

---

❶ 黄建武.法律的价值目标与法律体系的构建［J］.法治社会，2016（2）：5.
❷ 郭瑜.个人数据保护法研究［M］.北京：北京大学出版社，2012：176.

用的子原则，公权与私权协调保护原则作为统领整个车联网数据治理的总原则之一，意味着一方面国家保护信息主体和数据开发者、处理者等对车联网数据不同生命周期所拥有的权利；另一方面，基于社会公共利益和国家安全的需要，公权力的适度介入以及对私权加以适当限制甚有必要。公权与私权的冲突表征于个人信息维度、数据产权维度、数据安全维度之间位阶排序，一般而言，当车联网数据不同维度下治理制度的价值目标产生冲突时，数据产权保护应让渡于数据安全、个人信息保护，其中数据安全处于最高位阶。

此外，在大数据时代，人们实际上"无时无刻不生活在一种数据监控之中"，这种长期且悄无声息的数据监控如果不能尽快得以限制，则其终将摧毁社会信任机制与现代民主基础。❶ 由是观之，滥用数据公权、放任公权侵害私权将对数据主体权益造成重要损害，但倘若过分保护私权又会制约车联网数据的开放和利用。所以，车联网数据治理的核心在于将数据权利纳入法律体系内，规范公权力、保障私权利，实现二者的平衡统一与相互促进。❷ 可见，公权与私权协调保护原则还蕴含着对公权介入私权的范围、程序、条件加以限制，防止权力滥用对车联网个人信息及企业数据相关主体利益的侵犯。

二、安全与效率兼顾原则

数据作为国家战略性基础资源，依赖于流通使用来提升其价值，充分挖掘数据价值是发展数字经济的必然要求，兼顾安全与效率的数据确权与

---

❶ 曹卫东.开放社会及其数据敌人［J］.读书，2014（11）：73-80.
❷ 高志华.数据治理中数权的冲突与平衡［J］.长白学刊，2020（4）：51-56.

交易一直是行业发展的瓶颈。❶ 随着全球范围内侵害数据安全事件的频发，我国逐渐确立了"以数据开发利用和产业发展促进数据安全，以数据安全保障数据利用和产业发展"❷ 的数据市场发展观。数据安全原则旨在通过法律机制降低或消除数据遭受泄露、毁损、丢失、篡改、误用、滥用等风险，从而确保数据的真实完整、数据权属明晰及合法使用，进而提升数据市场资源配置的效率。数据安全分为数据权属清晰、数据质量可靠层面上的静态安全，以及促进数据有效流通层面上的动态安全。数据静态安全是其在动态环境中得以合法流通的前提，数据动态安全则是确保数据流通高效的必要条件。❸ 效率是一切经济活动追求的核心内容，但"当产权明晰程度和产权安排达到最优时，产权运行的效率最高"❹。时下，通过市场化手段促进数据流通已成趋势，其作为实现数据商业价值的具体途径，需要秉承安全与效率兼顾的原则，使权属清晰、质量优质的数据资源满足不同应用场景的需求，使数据在有效有序流通中创造价值。

数据安全和数据效率对车联网行业健康发展皆具有重要价值。若过于偏重数据安全，则可能对个人信息保护持严格保护态度，严格限定数据交易，数据的流通将受到较大限制，从而桎梏车联网数据产业的发展。若偏重数据效率，将可能产生数据垄断、数据滥用，乃至漠视社会公共利益和国家安全的情形。数据安全和数据效率的选择与各个国家或地区信息产业发展水平密切相关。欧盟"95指令"与美国APEC"跨境隐私规则"是当前关于跨境数据流动监管的代表性制度体系。美国由于数字经济发达，较

---

❶ 盖博铭.专家：新一代数据确权与交易应兼顾安全与高效［EB/OL］.（2021-12-19）［2021-12-20］.http://bj.news.cn/2021-12/19/c_1128179070.htm.
❷ 参见《中华人民共和国数据安全法》第13条。
❸ 张敏，杨红霞，郭思辰.论数据法的调整对象和基本原则［J］.西北工业大学学报（社会科学版），2022（3）：103-104.
❹ 刁永祚.产权效率论［J］.吉林大学社会科学学报，1998（1）：74-75.

之欧盟可能更加注重数据效率，强调个人信息的弱保护、跨境数据的宽松保护，而欧盟信息产业发展水平逊色于美国，其更加注重个人信息保护。数据安全是数据效率的保证，数据效率是数据安全的目标，二者统一于一体。安全与效率兼顾原则下，要求在车联网数据治理过程中须平衡好数据安全与数据价值、数据安全与数据竞争之间的关系。当前，我国车联网产业发展迅猛，须拿捏好数据安全和数据效率之间的分寸，既不能因噎废食，过分强调数据安全，造成数据严格保护下的数据流通高门槛；亦不能短视冒进，过分强调数据效率和数据自由，忽视数据安全，给车联网个人信息泄露、车联网产业安全、国家安全等造成隐患。譬如隐私保护技术提供的隐私保护程度越高，收集数据的准确性越差，计算成本也就越高。数据收集者必须平衡隐私保护与数据有效价值之间的关系，从而缓解当前低成本的数据收集垄断局势。❶ 又如当数据处理者将诸多单车车联网个人信息加以汇聚且达到一定数量时，便构成重要数据，此际数据效率要让位于数据安全。安全与效率兼顾原则贯彻于车联网法律治理制度中，主要表现为对个人信息泄露或非法获取的规制、车联网数据的产权化排除、重要数据类型的确定、跨境数据的负面清单等制度的安排。

三、数据保护与数据共享相平衡原则

数据作为重要的要素资源，是车联网产业发展的重要驱动力。安全与效率兼顾、数据保护与数据共享相平衡两大原则虽都关注数据流通性，但安全与效率兼顾原则关注数据流通中的安全性，而数据保护与数据共享相平衡原则关注数据保护中的共享性。数据保护与数据共享相平衡原则在车

---

❶ 孟小峰.破解数据垄断的几种治理模式研究［J］.人民论坛，2020（27）：61.

联网数据法律治理中的融贯性体现于车联网个人信息的适度保护、车联网企业数据分层赋权、全球数据治理等方面。

其一，个人信息的适度保护。个人信息是车联网大数据的重要来源，个人信息的保护强度高低往往能反映对数据保护和数据共享之间的张力。有学者认为，个人信息保护水平体现出个人尊严和促进信息资源的优化配置之间的平衡关系。❶ 还有学者认为，企业数据获取"三重授权原则"普遍适用于所有数据类型并不妥当，获取非可识别的衍生数据和原生数据便无须取得用户同意，❷ 便是在数据保护和数据共享之间所寻得的平衡。如随着无人驾驶汽车的发展，车联网数据的流通和共享影响着无人驾驶汽车的自动化决策，此时为保障无人驾驶汽车的安全，对车外个人信息的保护须加以限制，以保障无人驾驶汽车可以即时通信并获得实时车联网数据，通过提升数据效率来确保行车安全。还如车联网个人信息由于关涉后续数据利用程度，是车联网数据的原料，对其保护时要考虑数据的共享程度，通过车联网个人信息保护的适当限制挹注数据共享存量。

其二，车联网企业数据分层赋权。承前所述，车联网企业数据包括原生数据和衍生数据，二者不宜采取同等保护方式，须考量数据产权化对数据流通所形成的阻碍。如有学者认为数据保护通过传统财产权路径会阻碍数据流通，而建议采取数据治理合同路径，❸ 便表达出对数据赋权可能带来的数据流通障碍隐忧。数据保护与数据共享相平衡原则下，车联网数据的设权须结合车联网数据全生命周期予以合理配置。尤其是汽车制造商、车

---

❶ 梅夏英，刘明. 大数据时代下的个人信息范围界定［J］. 社会治理法治前沿年刊，2013：51.

❷ 徐伟. 企业数据获取"三重授权原则"反思及类型化构建［J］. 交大法学，2019（4）：36.

❸ 金耀. 数据治理法律路径的反思与转进［J］. 法律科学（西北政法大学学报），2020（2）：79-89.

联网相关服务企业等借助经营优势、平台优势获得大量车联网数据，若不加区分地贸然对车联网数据设权，将可能加剧数据垄断、数据孤岛现象，侵犯信息主体的利益。与此同时，亦应考虑车联网数据开发者在车联网数据挖掘、加工等方面所作出的贡献，对诸如深度加工的车联网衍生数据设定数据财产权，有利于鼓励数据创新、活跃数据交易，为数据共享提供源源不断的养料。

其三，全球数据治理。全球数字化背景下，数据全球治理已经成为全球治理的重要构成部分，数据主权权属、政务数据共享、跨境数据治理等成为国际重要议题。当前，我国车联网数据跨境流通日趋增多，国家互联网应急中心（CNCERT）、智联出行研究院（ICMA）对15类主流车型车联网数据出境情况的统计分析显示，2021年8—11月境内与境外汽车数据通联732万余次，其中汽车数据出境262万余次。❶推动数据共享有利于充分调动社会力量参与社会治理，深化大数据创新应用，发挥数据价值，释放数字红利。❷面对不同国家或地区对跨境数据流通的不同政策和制度背景，我国应该坚持鼓励创新、包容审慎的规制态度，通过多边、双边协议促进跨境数据高效共享可信，同时，亦要加强车联网个人信息、涉及国家安全重要数据的监管。车联网全球数据治理中的境内存储、白名单和负面清单制度、长臂管辖条款便是数据保护与数据共享相平衡原则的表征。

---

❶ 郭美婷，李润泽子.智能网联汽车数据合规：数据跨境成监管重点，跨国车企迎挑战［EB/OL］.（2022-01-13）［2022-02-10］.https://view.inews.qq.com/a/20220113A04IXV00.

❷ 闫桂勋.数据共享安全框架研究［J］.信息安全研究，2019（4）：316-317.

第二节 车联网数据法律治理理据

一、哈丁"公地悲剧"理论对车联网数据赋权的检视

数据权属体系是数据治理体系的基石，合理确定个人用户、车联网企业、政府国家之间关于数据权属的内容和边界，有助于减少各方数据主体对数据生成贡献度不同而产生的纷争，从而实现社会公众、网络平台、政府国家数据治理"共建共治共享"的目标。有效解决数据权属问题的前置性条件是遵循数据产生及其市场运作的底层逻辑。车联网数据根据来源的不同主要分为个人信息、车况数据、人车交互数据、周围环境感知数据等，但上述数据在车联网数据不同生命周期内，数据权属或控制主体并非集中于某一特定主体。车联网数据不仅包含对行车过程全时空、全要素进行客观描述的记录数据，还包括对上述数据汇集整理、加工处理而产生的数据产品。在车联网数据生命周期内，数据法律关系日益复杂多元，并逐步摆脱单一数据来源渠道与单一数据权利拥有者之间一一对应的简单关系，呈现出一种参与主体多元化、权利归属复杂化的特征。[1] 对此，需要将车联网数据分类分级赋权原则贯穿于车联网数据全生命周期，厘清数据主体各自的权益范围与位阶，从而使数据采集、数据集成、数据流通等环节协调并进，进而为维护个人隐私、遏制数据滥用、稳固数据安全奠定坚实基础。

---

[1] 彭辉. 数据权属的逻辑结构与赋权边界——基于"公地悲剧"和"反公地悲剧"的视角 [J]. 比较法研究，2022（1）：101.

如果权属界定不明或界定模糊必将在一定程度上导致数据资源因被过度使用而退化或者废弃，产生"公地悲剧"。"公地悲剧"理论最早由英国学者哈丁（Hardin）于1968年提出，其核心要义是，通过赋予公地资源所有权的方式避免其因排他性权利的缺失而被与其相关的多个个体过度使用，否则，资源配置的失灵终将造成"公地"被过分消耗，直至枯竭的悲剧发生。❶ 在"公地悲剧"中，社会承担的总成本要远远大于每个个体实际承担的成本的总和，其中的差值即为具有累积效应和滞后负外部性所产生的外部成本，而该成本最终由社会共担。❷ 当前，数据的生产要素属性已在国家层面得到确认，对数据资源进行配置事关我国数字经济健康、有序发展。在数据资源这块"公地"上，不仅存在众多相关利益主体，而且单个利益主体并不具有完整的排他性权利。在法律赋予相关利益主体明确的权益之前，无法改变数据被不当采集、违法窃取、非法使用的现状。这种情况在车联网中极为突出，具体表现为用户数据被过度采集、企业数据因权属不明而争端不休、数据非法出境难以遏制，进而引发社会各界对该领域内人身、财产、国家安全的忧虑，制约车联网技术的发展。为使数据权利主体明晰，缓和数据权属争端，赋予数据权利人一定的排他权被视为良策。

公地资源私有化是解决公地悲剧的重要方法之一，❸ 但如果权属保护过度或者决策过于分散，则极易使数据权利人之间因过度牵制、配合不畅而导致数据无法得以高效利用，造成数据资源的浪费，"反公地悲剧"将难以避免。"反公地悲剧"思想雏形最早由财产法哲学家米歇尔曼

---

❶ HARDIN G. The Tragedy of the Commons［J］. Science, 1968, 162: 1243-1248.

❷ 罗纳德·H.科斯，等.财产权利与制度变迁：产权学派与新制度学派译文集［M］.刘守英，等译.上海：格致出版社，2014：71.

❸ DEMSETZ H. Toward a Theory of Property Rights［J］. The American Economic Review, 1967, 57: 350-353.

（Michelman）于1982年提出❶，并由赫勒（Heller）于1998年构建出完整的"反公地悲剧"理论体系。其核心要义是，"公地"内存在的众多利益主体为了实现各自利益的最大化，皆会设置障碍阻止他人有效利用"公地资源"，使之陷入无法利用或低水平利用的境地。"反公地悲剧"理论源于"公地悲剧"理论，二者是对"公地资源"赋权的辩证阐释。在"公地资源"上存在所有权主体不明或虚化等问题，关注的重点应是如何避免"公地资源"因过度使用或无人照管而消亡；在"反公地资源"上存在享有排他权的权利主体过多等问题，关注的重点则是如何避免"反公地资源"因决策分散或使用不足而浪费。从数据利益的相互关系观之，不同数据权利主体对同一份数据的排他权内容会随着数据生命周期的演变而变化，权利主体亦将随之不断更替，若要求后加入的数据主体只有在获得先前所有数据主体的许可或支付对价后才能使用该数据，无疑将增加后数据主体的生产成本，抑制数据的流通效率。为了应对瞬息万变的交通状况，车联网数据主体间的协作尤为重要。

如前所述，数据权属体系是构建数据治理体系的基石，但数据无法直接在现有民事权利客体框架中找到立锥之地，因而数据是否具有作为法律权属对象的"外在物"的属性尚有待考究。❷车联网数据主体所生成、采集、占有的数据，往往来自于驾乘人员、汽车制造商、网络运营商等其他多个数据主体，基于不同数据主体对同一车联网数据生成贡献度的不同，各数据主体均具有实现自身利益最大化的动机，将造成数据主体之间利益的冲突。基于这一逻辑，有研究认为应以"数据公地"理论而非私有权观

---

❶ MICHELMAN F I. Ethics, Economics, and the Law of Property［J］.Nomos，1982，24：3：1-19.

❷ 张才琴，等.大数据时代个人信息开发利用法律制度研究［M］.北京：法律出版社，2015：12.

念来构建数据权利体系,将数据治理交由技术手段而非垄断规制解决。❶然而,技术手段具有唯利性,数据内蕴的巨大价值将使技术手段的持有者利用法律漏洞获取更多、更精确的数据成为可能。车联网数据治理离不开技术规范,但应强调技术规范与法律规范的深入融合,通过法律规范指导技术规范的制定与完善,使技术理性符合价值理性的要求,以免技术理性架空法律理性。通过"公地悲剧"理论构建数据权利体系,并不意味着需要将数据治理完全交由技术手段解决,亦不意味着不能对某些类型的数据设置私有权,如车联网衍生数据即是衍生数据权的客体,只要其不构成重要数据、核心数据等而受到跨境流通限制时,应被视为一种私有财产而受到数据财产规则的保护。这说明数据权属需要结合具体应用场景予以界定,在不同场景中数据具有不同的法律评价意义,建立一个包罗万象的数据权绝非易事。所以,车联网数据权属界定的核心是基于数据运作的底层逻辑和数据全生命运作周期的核心链条,在物权规范、合同规范、知识产权规范、反不正当竞争规范中寻找与之相契合的制度框架,并据此作出更加细致的阐释。

明确数据权属是避免数据治理陷入"公地悲剧"的有效方式,然而"数据权属应当配置给谁"尚存争论。车联网数据主体包括个人(驾驶员、乘车人、车外人员等)、企业(整车厂商、汽车经销商、车联网平台服务商等)、国家三类,其中既有公权主体又有私权主体,且不同私权主体间的市场力量存在较大差异。因此在探讨车联网数据归属时,应在个人信息保护、数字市场发展、国家安全之间寻得平衡点。学界对于界定数据权属,主要存在如下四种权属分配模式。"用户所有说"认为,应将数据权属配置给数据的源头即个人用户所有,若个人数据中的隐私得不到切实有

---

❶ 梅夏英. 数据的法律属性及其民法定位 [J]. 中国社会科学, 2016 (9): 179.

效的保护,将动摇数据权利体系的根基,此时个人用户为了隐私权免受侵犯,极有可能放弃接受车联网数据企业提供的服务。因而强调当且仅当获得用户的"知情同意",平台公司才有权开展数据采集、加工与处理,从而形成对数据用户的"绝对保护"模式。❶"平台所有说"认为,在数据资产形成的过程中,平台企业投入了大量的成本及创造性活动以挖掘数据的价值,而个体用户提供的基础性数据不仅价值较低,其提供数据这一行为亦未对数据价值的实现产生显著贡献,甚至在个人数据被平台公司采集、整理、分析过程中享受到更为精准、便捷的数据产品和服务。在实现数据价值、促进数字经济方面,企业作出的努力远胜于个人用户,这使构建数据保护与利用体系从以用户为中心向以平台为中心的转移具有现实意义。"用户与平台共有说"认为,从数据产业链运作机理视角观之,数据产业链启动的开端系个人用户的授权,平台企业基于该授权对个人信息开展脱敏、汇集、分析等活动,进而实现数据的资产化。所以,在配置数据权属时,应平视个人用户与数据平台对数据产业发展的贡献,提高个人用户数据提供行为的贡献权重,兼顾个人用户的隐私保护与平台企业的数据利用,将促进数据流通置于与个人信息保护同等重要的地位。"国家所有说"认为,私法自治难以为个人信息提供全面而周延的保障,因而转向以国家权力来对抗和缓解平台公司"数据权利"。❷

上述任何一种数据权属配置模式均无法完全涵盖车联网数据,但这并不影响其对不同类型的车联网数据权属配置提供借鉴。就车联网个人信息而言,"知情同意"规则是采集车联网个人信息的首要依据,是抑制企业超范围采集个人信息的根本遵循。"用户所有说"建立的个人信息"绝

---

❶ 石丹.大数据时代数据权属及其保护路径研究[J].西安交通大学学报(社会科学版),2018(3):80.
❷ 王锡锌.个人信息国家保护义务及展开[J].中国法学,2021(1):152.

对保护"模式，旨在将个人信息设定为个人用户的专属资产，对其访问须以个人信息主体的知情同意为严格前提。但车联网在应对突发状况时，为了保护驾乘人员、车外人员的生命安全，个人信息权应向更高位阶的生命权、健康权让渡。就车联网企业数据而言，来源于匿名化处理后的个人信息，围绕其开展的汇集、加工、交易等活动，是促进车联网发展的根本动力。基于激励创新、促进数据境内流通之考量，应赋予车联网企业对衍生数据完整的所有权，其所有权基础是企业所投入的大量智力成果，这与"平台所有说"的部分观点相呼应。值得一提的是，企业对数据支配权的行使不得危害国家安全，即需要国家限制构成重要数据的车联网企业数据向境外流通。就国家所控制的车联网数据而言，特指国家授权的政府机关基于特定目的，依据法律法规采集的车联网数据。"国家所有说"为此类数据归于国家所有提供了理论依据，但此举的目的并非以国家权力帮助个人用户制衡企业，而是出于维护公共安全、社会秩序、国家安全的需要。

二、霍菲尔德"权利分析"理论对车联网数据治理的启示

数据与无体物的区别主要体现于其复用性，即同一份数据的价值不因众人的重复使用而减损，相反，多主体对该数据的渐进式、多元化开发是数据价值得以实现的根本路径。因此，有研究认为，不妨尝试跳出财产权思维对数据界权的藩篱，借鉴霍菲尔德的"权利分析"理论，在数据主体利益互动关系层面进行具体界权，即从具体的法律事件入手，厘清各主体间复杂的法律关系，以此构建开放化、动态化的数据治理规则。❶ 权利分析理论是对法律形式主义的批判，认为法律概念的本质内涵变动不居，将

---

❶ 戴昕. 数据界权的关系进路［J］. 中外法学，2021（6）：1580.

法律概念作本质化理解会造成客观事实与法律关系的混同，即权利、义务等法律概念并不与客观事实相对应，而是建立、重构于法律在人与人之间设定的关系中。❶ 为了明晰不同权利规范的内涵，霍菲尔德提出一种对权利、义务进行细化的理论：突破权利和义务这对法律关系基本内容的思维定式，审视权利、义务在不同法律关系中的实质内容，在"相反物"和"对应物"的表格中阐明各种法律关系，以此指导具体规则的设定。法律上的相反关系为请求权（claim）—无请求权（no right），自由权（privilege）—义务（duty），权力（power）—无能力（disability），豁免（immunity）—负担（liability）；法律上的对应关系为：请求权—义务，自由权—无请求权，权力—负担，豁免—无能力。❷ 上述八个概念是法律关系的最小种属概念，即所有的法律关系最后都可以归结到这些概念之中，且必须在两方主体的法律关系中相互定义。❸ 确定法律规定实质内容的深层级对应关系，有助于立法者反向搭建更为灵活、丰富、细致的法律规则。在数据生命周期的不同阶段，利益主体并非一成不变，不同主体间对应的法律关系亦呈现多样化、复杂化的特征，权利分析理论为研究者下沉到更具体的关系层面对数据权利加以合理配置提供"创生性"思路。

围绕车联网数据所发生的法律纠纷，难以直接在现有法律框架内寻得明确答案，这一方面是因为数据法律关系高度依赖于具体场景，大数据时代前制定的法律鲜有涉及数据运作的根本逻辑；另一方面是因为《个人信息保护法》《数据安全法》等大数据时代的法律所构建的规则体系仍有待

---

❶ WESLEY N H. Some Fundamental Legal Conceptions as Applied in Judicial Reasoning [J]. Yale Law Journal, 1913, 23: 28-59.
❷ W.N.霍菲尔德.司法推理中应用的基本法律概念（上）[J].陈端洪，译.环球法律评论, 2007（3）: 120.
❸ 陆幸福.论搜索引擎服务商在提供链接过程中的权利与义务——基于霍菲尔德权利理论的一种分析[J].法学评论, 2013（4）: 5.

新立法的补充以及在法律适用中的完善。车联网冗长的产业链导致车联网数据在采集、集成、流通时存在性质不同的法律关系,为了应对此间的复杂情况,可借鉴权利分析理论细分出的四组法律关系,明确特定情形中权利、义务的具体内容与指向,从而避免笼统的权利、义务话语体系所引起的泛化和模糊性。

就车联网个人信息而言,其私权治理依据集中体现于《个人信息保护法》,权利分析理论为传统权利概念如"知情同意权""撤销权"在车联网个人信息保护中应有之义的确定提供了良方。依此范式,可将车联网个人信息权的权利内容分为请求权、自由权、权力、豁免权四类。以"知情同意权"观之,可归结于"请求权—义务"框架中加以阐释,主要体现为车联网个人信息主体有权要求数据处理者作为或不作为,而数据处理者承担的义务是根据对方的要求采取相应的行为。由于车联网领域内数据处理者相对于个人用户而言具有一定的优势地位,后者的知情同意权常因前者所设置的一揽子隐私协议、强制性协议而备受侵犯,如汽车经销商将个人信息的授权作为履行汽车买卖合同的条件,或以"车辆基本功能受损"为由迫使个人用户接受车联网服务提供商的一揽子隐私协议。所以,车联网个人用户知情同意权的实现须以国家公权力设定数据处理者对应义务为前提,即"通过国家强制力帮助个人用户制衡企业"的应有之义。值得注意的是,在信息处理者无须取得同意即可处理个人信息的例外情形中,信息处理者享有的权利应有所区别,如基于公共利益需要进行一般的舆情监督而采集个人信息的,采集者可自行采集,但个人并没有绝对配合的义务;但若为应对公共安全突发事件,则处理者享有要求个人配合提供真实信息的请求权。以"撤销权"观之,可归结于"权力—负担"框架中加以阐释,此时个人信息主体享有单方面改变与数据处理者间法律关系的权力,数据处理者则须无条件承受法律关系改变的后果。撤销权一经行使,处理者不再有处理信息的自由,而须针对个人背负不得继续处理信息的义务。为了防止撤销权内容过于宽泛对数据处理者造成的不利影响，应承认信息处理者在个人信息主体行使撤销权之前的信息处理活动的效力，尤其是当处理者此前已将相同信息提供给第三方且征得个人信息主体的单独同意时，若个人仅希望针对处理者行使撤销权，由于第三方与个人之间存在一项"自由权—无请求权"的法律关系，不应认为个人同时也向第三方行使了权力。以"查阅权"观之，查阅权主要以请求权形式得以呈现，而在汽车消费者的维权活动中，具有将其置于"权力—负担"框架中的必要性，即赋予汽车消费者单方面查阅维权所需个人信息的权力。此外，《个人信息保护法》第 24 条规定一些条件下个人可拒绝接受自动化决策的决定或要求予以说明，虽然学界担忧自动化决策带来的系统性偏见、歧视等风险，❶但其反对的多是具体决策结论，并希望以积极的方式干预自动化决策过程，这意味着需要考虑赋予车联网个人用户要求数据处理者在决策过程中参考某些参数以获得更为合理的决策结果的请求权。然而，车联网个人用户捍卫个人信息权时，面对的可能是冗长产业链条上的一系列数据处理者，完全仰赖私权自治颇具难度，法律确有必要引入相关政府机构为其纾困，当前个人信息保护制度尽管强调以私权自治为基础，但总体上已向公权规制模式倾斜。

三、"卡-梅框架"财产-责任规则下车联网数据权利配置方式

"卡-梅框架"作为法经济学领域的重要研究范式，实现了由传统法律框架下的行为模式向"卡-梅框架"下的效果模式转变。"卡-梅框架"以私人对法益的自由转移和自愿交易为依据。将法益保护的不同规则归纳

---

❶ EUBANKS V. Automating Inequality: How High-Tech Tools Profile, Police and Punish the Poor [M]. New York: St. Martin's Press, 2018.

为财产规则、责任规则和禁易规则三种。❶ 之后，尽管在此基础上又派生出管制规则、无为规则，且将法益解释为公共利益、人格利益、财产利益等，❷ 但为简化逻辑线索，本书重点围绕"卡－梅框架"下的财产规则、责任规则和禁易规则加以展开论述。"卡－梅框架"作为财产规则与责任规则加以选择的基本范式，基本内涵为若交易成本较低便选择财产规则，反之则选择责任规则。以排污权的相关配置为例，假设排污者为加害人，基于排污对所处生活环境受到较大影响的主体为受害者，基于财产规则与责任规则、禁易规则在受害人和加害人之间的组合，具有五种产权配置方式：（1）基于财产规则赋予受害人产权，即赋予受害人产权并禁止加害人排污；（2）基于责任规则赋予受害人产权，即加害人可自由排污但须对受害人的损失加以赔偿或承担其他额外的义务；（3）基于财产规则赋予加害人产权，此际，加害人基于排污权排污，而不受任何干涉，无须对受害人的损失承担任何赔偿责任；（4）基于责任规则赋予加害人产权，由于加害人拥有排污的权利，若受害人欲减少排污，须补偿加害人基于不排污所造成的损失；❸（5）在财产规则和责任规则之外，还存在禁易规则这一特殊情形，即禁止私主体之间对于某些特定客体的交易。禁易规则意味一种最强级别的国家干预，禁止任何资源和非自愿数据流转，如不允许排污，且不能用赔偿或补偿的方式来作为排污的对价。

当前，学理上不乏运用"卡－梅框架"理论来论证数据权益保护问题。如有学者认为，基于数据财产规则，可构建数据使用过程的权益分配

---

❶ CALABRESI G, MELAMED A D. Property Rules, Liability Rules, and Inalienability: One View of the Cathedral [J]. Harvard Law Review, 1972, 85: 1089-1128.
❷ 凌斌.法律救济的规则选择：财产规则、责任规则与卡梅框架的法律经济学重构[J].中国法学，2012（6）：5-25.
❸ 魏建，宋微.财产规则与责任规则的选择——产权保护理论的经济法学进展[J].中国政法大学学报，2008（5）：134-135.

机制；基于数据责任规则，可构建数据征用权和数据求偿权等。❶ "卡－梅框架"可作为检验现有规则与确立未来规则的标尺，对于可纳入知识产权客体保护的数据及去识别化的数据库可适用财产规则；对于个人信息主体不赋予财产性权利；对于二次利用侵权，适用责任规则等。❷ "卡－梅框架"对车联网数据保护具有重要的启示意义，尤其是在车联网数据保护尚未形成成熟化保护范式背景下，上述五种产权配置为车联网数据提供了可供选择的规则选项。假设上述"受害人"为车联网个人信息主体，"加害人"为车联网数据处理者，第一种情形之下，针对车联网个人信息，可适用个人信息保护规则，由驾乘人员和交通参与者通过个人信息权的行使来禁止他人对个人信息的非法获取与利用。第二种情形之下，基于行车安全需要，纵然存在个人信息权，但在采取匿名、去标识化、模糊处理等技术措施后，对实时采集的数据不必经过个人信息主体的事先授权。第三种情形之下，纵然车联网个人信息属于车联网原生数据和衍生数据的重要来源，车联网原生数据若构成知识产权、商业秘密权、衍生数据权的保护条件，由车联网数据处理者而非车联网个人信息主体享有相应财产权利，在车联网企业数据后续利用中，"三重授权原则"的适用须附加严格的适用条件。第四种情形之下，车联网原生数据处理者可依据不同场景分别获得相应的权利保护，衍生数据处理者拥有衍生数据权，作为其数据来源的个人信息主体若使用原生数据和衍生数据亦须付费。第五种情形之下，对于车联网重要数据和核心数据，尤其是关系国家安全、国民经济命脉、重要民生、重大公共利益等车联网核心数据，可适用禁易规则，即原则上不允

---

❶ 崔淑洁. 数据权属界定及"卡－梅框架"下数据保护利用规则体系构建［J］. 广东财经大学学报，2020（6）：84–85.

❷ 刘铁光，吴玉宝. 大数据时代数据的保护及其二次利用侵权的规则选择——基于"卡－梅框架"的分析［J］. 湘潭大学学报（哲学社会科学版），2015（6）：79.

许车联网重要数据和核心数据的跨境自由交易,除非满足数据安全评估、境内存储、数据定性和定量要求等车联网数据跨境监管条件。

车联网数据主体涉及汽车制造商、零部件和元器件提供商、维修机构、软件提供商、数据和内容提供商和服务提供商等数据处理者,以及驾乘人员与其他与本车辆交互的驾驶人、乘车人以及车外人员等交通参与者,在车联网数据采集、存储、流通、安全、使用、销毁等全生命周期过程中,车联网数据形态不断发生演进与转化,不同车联网数据形态在不同主体之间权利配置亦存在较大差异。借助"卡-梅框架",根据人格利益与财产利益的区分、数据对行车安全影响、数据的重要程度、数据的定性和定量等参考标准,合理选择和确定相应的财产规则和责任规则、禁易规则,有助于厘清不同车联网数据形态的权利保护方式,划定车联网数据私权保护与公权管理的边界,进而形成互动衔接、科学合理的车联网数据保护体系。

四、"诺兰模型"对数据未来治理的启示

20世纪50年代以来,企业信息系统经历了由单机到网络、由低级到高级,由电子数据处理(EDPS)、管理信息系统(MIS)到企业资源计划(ERP)、决策支持系统(DSS)以及商务智能(BI)系统的发展过程。❶ 为探寻系统发展演进规律,理查德·诺兰于1979年正式提出了企业信息化应用的六阶段模型,即引入期、蔓延期、控制期、集成期、数据管理期和

---

❶ 张晓娟.系统集成框架下现代企业信息系统的演进——兼析诺兰模型的局限性[J].情报科学,2007(8):1128.

成熟期，并进一步强调集成是信息化发展的转折点。❶ 各个阶段之间整体上呈现递进的关系，信息技术的进步会使信息化发展迈进下一个阶段，而不可能实现跨阶段的发展。且相邻阶段之间并非泾渭分明，它们可能存在相互融通的部分，却不会影响各个阶段的本质特征。

车联网技术涉及不同的发展阶段，可运用"诺兰模型"来把握车联网技术的未来发展趋势和规律。依据"诺兰模型"的六个技术演进阶段，可以发现，数据共享是企业信息化过程的主心骨，即企业信息化程度由企业内各部门间、与其他企业间的数据共享程度所决定。例如，集成期的特征为企业为了实现跨部门间的信息共享，通过建立统一的信息管理系统和基础数据库，使企业内的资源信息得以在内部集成共享；又如，成熟期的标志为企业有能力将内外资源充分整合、利用，以支持高层管理决策。❷ 车联网亦如是，车联网技术中最典型的应用是智能驾驶，从技术层面观之，智能驾驶分为仅使用内部传感器感知车辆周围环境的自主式以及通过车－车联网、车－路联网实现安全行驶的协作式，❸ 虽然自主式的智能化路线不需要过多的外部协作，有利于车企快速进入市场，但是智能驾驶发展的智能化、网联化趋势决定了在实现自动驾驶最终目标的过程中需要汽车制造商之间、汽车制造商与网络运营商之间充分的数据共享。根据"诺兰模型"，亦不可忽视车联网统一信息管理系统的建立，即便此时存在成本、时间、系统稳定性等难题。通过"诺兰模型"，有利于把握车联网技术的演进规律，进而及时地做好制度应对。

---

❶ NOLAN R L. Managing the Computer Resource: A stage Hypothesis [J]. Communications of the ACM, 1973, 115-216.
❷ 王良元. 诺兰模型与企业信息化三段理论 [J]. 科技与管理, 2009（1）: 36.
❸ 王平, 王超, 刘富强, 等. 车联网权威指南: 标准、技术及应用 [M]. 北京: 机械工业出版社, 2018: 27-30.

第三节 车联网数据法律治理框架

较之一般数据，车联网数据法律治理有其特殊性，依托现有数据法律治理范式，构建逻辑自洽的车联网数据法律治理框架，对于丰富车联网数据法律治理体系研究具有重要的学术意义，对于整合车联网数据法律制度、推动车联网数据立法实践等具有重要的应用价值。

一、协同治理的法律治理模式

协同治理主要包括治理主体多元化、各子系统协同性、自组织间竞争合作以及共同规则制定等内涵。❶ 车联网数据协同治理结构主要包括外生秩序（车联网数据相关法律法规）、技术秩序（车联网数据相关技术标准及算法代码化）、管理秩序、内生秩序。❷ 车联网数据包括车联网个人信息、企业数据、跨境数据等不同形态，牵涉众多不同品牌汽车生产商、平台服务商及不计其数的车主，单一的权利规范治理及行政治理难以满足车联网数据治理需求。不同治理主体在车联网数据采集、处理、存储、利用等阶段治理能力的差异构成协调治理的基础。车联网数据协同治理模式下，国家通过积极创制车联网法律规则并加以良好实施，构成了车联网数据治理的基本秩序。汽车生产商及车联网服务平台内部所制定的规则或管理规范

---

❶ 胡颖廉.推进协同治理的挑战［N］.学习时报，2016-01-25.
❷ 相关分类由跨境电子商务协同治理引申而来。参见：那朝英.大数据时代跨境电子商务中的多元治理主体及其协同治理结构研究［J］.经济社会体制比较，2021（6）：123.

构成了车联网数据治理的管理秩序。相关标准化组织所制定的诸如《车联网信息服务数据安全技术要求》《信息安全技术 汽车采集数据的安全要求》等构成了车联网数据治理的技术秩序。车联网相关行业协会及相关社会组织对车联网数据的管理与监管构成了车联网数据治理的内生秩序。车联网协同治理是国家（政府）主导下多元主体共治模式，协同治理离不开法律保障。车联网数据治理外生秩序便属于车联网数据法律治理范畴，可见，车联网数据法律治理模式是车联网数据协同治理模式的进一步深化。车联网协同治理模式下，需要车联网数据法律治理在车联网技术标准法律化、算法监管、产权安排等方面予以明确，为协同治理提供法律保障。

车联网数据法律治理模式与一般数据法律治理模式具有一致性。在国家治理体系和治理能力现代化不断推进背景下，学理上对数据治理模式的讨论蕴含着协同治理的意涵。车联网数据法律制度作为一种外生秩序，对技术秩序、管理秩序、内生秩序产生重要影响。在数据法律治理模式中是以个人、国家还是集体为主导的选择上，有学者提出个人式的用户赋权模式没有考虑数据治理复杂性，国家式的数字服务税、国有化模式将对用户权益产生侵犯风险，集体式数据治理模式是较优的选择，尤其是数据信托通过自下而上的团体自治实现算法反制，能够有效应对数据经济中的不平等问题。❶ 持类似观点的学者认为数据治理应从"权利规范模式"走向"行为控制模式"的数据信托。❷ 上述学者探讨的数据治理对象主要是个人数据（信息），然而数据信托模式一方面不能对数据的财产性质加以明确，且不能妥善解决由谁代表的问题，较易引起"公地悲剧"的问题；另一方

---

❶ 丁凤玲.个人数据治理模式的选择：个人、国家还是集体［J］.华中科技大学学报（社会科学版），2021（1）：73.
❷ 冯果，薛亦飒.从"权利规范模式"走向"行为控制模式"的数据信托——数据主体权利保护机制构建的另一种思路［J］.法学评论，2020（3）：70–82.

面，信托关系的确立以委托人合法拥有确定的信托财产为前提，数据信托现阶段仅能适用于数据权属相对清晰，数据运作流程较为稳定、简单的应用场景，而难以在车联网这一复杂场景中轻易寻得立锥之地。还有学者提出公私合作模式，❶但基于公私合作所产生的沟通障碍、信任缺失、主体界限模糊等问题，一些学者进一步提出公私合作上需要政府占主导地位。❷市场主体的协同治理绝不意味着政府权限和责任的减少，而是对政府的"多元治理"理念和"全景式"治理能力提出了更高的要求。❸车联网数据既是一种要素资源，亦是一种战略资源，数据创新、数据安全、数据共享等皆须考虑，所以单一的权利规范或行为控制皆不能适应当前车联网数据发展需求。

车联网数据法律治理模式应采取权利规范和行为控制相统一的模式。对车联网个人信息、车联网企业数据主要采取分层赋权为主的模式，对车联网数据安全主要采取行政管控为主的模式。权利规范和行为控制并不存在绝对的鸿沟，如个人信息通过权利保护时，若聚合的个人信息达到一定的数量时，便可能构成重要数据，成为跨境监管的重要对象。

二、多元参与的法律治理主体

车联网数据法律治理主体呈现多元化的特征。从数据分类来看，以主体为标准，车联网数据可划分为个人信息（数据）、政府数据、企业数

---

❶ 陈嘉烨，周云龙，朱琪浩. 数据治理的公私合作模式研究——以杭州健康码为例［J］. 中国管理信息化，2021（10）：195.

❷ 徐峰. 公共卫生危机视域下数字治理的应用及法治化初探［J］. 天津社会科学，2020（5）：61-64.

❸ 翟云. 中国大数据治理模式创新及其发展路径研究［J］. 电子政务，2018（8）：25.

据三类。从数据分级来看，按照《信息安全等级保护管理办法》，信息系统的安全保护等级可分为五级。有人据此将自动驾驶汽车数据分为三级，包括自主保护级（1～2级）、监管保护级（3～4级）和专控保护级（5级）。❶ 数据的分类分级貌似区分了车联网个人数据、政府数据、企业数据的保护界限，进而想当然认为数据治理主体分别对应于个人、政府、企业。其实不然，国家治理体系是指所有参与治理的主体活动的相互结合所形成的总体状态。❷ 有学者认为，政府是数据治理的关键主导者，要不断完善法律规则供给、指明企业合规发展方向、打击危害数据安全和侵犯数据权益违法犯罪行为。❸ 主体的划分应该满足建构法律关系的要求，只有成为法律关系的主体才能成为国家治理的主体，从而能够开展基于法律的调整。而以权力、权利主体作为依据，可把国家和社会的治理主体分为官、民两类。❹ 对于车联网数据治理而言，政党、国家、政府、社会组织、经济组织、公民等皆可成为治理的主体。

在国家治理体系和治理能力现代化背景下，车联网数据的多元治理重点关注主体的权力或权利、主体的行为。其一，对于政党和国家而言，通过出台车联网数据治理的相关政策和法律，确保车联网数据治理的于法有据。譬如《国家综合立体交通网规划纲要》等政策性文件，《数据安全法》《网络安全法》《个人信息保护法》等法律法规。其二，对于政府而言，大数据发展应用背景下，数据主体涉及的利益相关方越来越多，包括数据提

---

❶ 刘宇，黎宇科，刘洋洋，等. 对自动驾驶汽车数据分类分级的思考［J］. 汽车与配件，2021（18）：42.

❷ 李景鹏. 关于推进国家治理体系和治理能力现代化——"四个现代化"之后的第五个"现代化"［J］. 天津社会科学，2014（2）：57.

❸ 周辉. 多重维度、多元主体、多种手段推进数据治理［EB/OL］.（2019-10-24）［2021-10-25］. http://iolaw.cssn.cn/zxzp/201910/t20191024_5020470.shtml.

❹ 陈金钊，俞海涛. 国家治理体系现代化的主体之维［J］. 法学论坛，2020（3）：19-28.

供者、数据聚合者、数据利用者和数据消费者四大利益相关者,❶政府从传统的数据权利所有者、控制者和监管者逐步转向数据权利的协调者和社会协同治理的服务者。❷如数据主体与数据控制者之间的地位失衡,使数据主体难以作出有效的同意表示、数据控制者难以满足透明度及通知义务,❸公权力的适度介入甚有必要。根据国家政策和上位法的要求,一方面,积极制定车联网数据治理的配套性规则,如制定《国家车联网产业标准体系建设指南》《汽车数据安全管理若干规定(试行)》等技术标准和法规;另一方面,积极推进法律的实施,如针对数据垄断的竞争执法,对车联网重要数据的规制,对跨境车联网数据的监管等。其三,对于公民而言,车联网个人信息主体(车主、驾乘人员、行人等)根据隐私权、个人信息权等参与车联网个人信息治理。其四,对于相关企业等经济组织而言,一方面,赋予其对车联网数据的相关财产权利,确保数据创新与数据利用之间的平衡;另一方面,企业作为信息控制者、信息处理者时,除了自律管理之外,亦应该遵循法律对车联网数据采集、处理、存储、利用等规定。如《汽车数据安全管理若干规定(试行)》将汽车数据处理者定位为开展汽车数据处理活动的组织,包括汽车制造商、零部件和软件供应商、经销商、维修机构以及出行服务企业等,并对汽车数据处理者的数据活动加以规范。由是观之,治理与管理、管控、规制具有较大区别,政府并非唯一的治理主体,尤其随着大数据技术的不断发展,数据很难掌握在某一特定主体手中,因此,治理主体包括政府、企业、个人等,在不同的治理层次,

---

❶ 梁正,吴培熠.数据治理的研究现状及未来展望[J].陕西师范大学学报(哲学社会科学版),2021(2):65-71.

❷ 安小米,宋懿,郭明军,等.政府大数据治理规则体系构建研究构想[J].图书情报工作,2018(9):16.

❸ 梅傲,苏建维.数据治理中"打包式"知情同意模式的再检视[J].情报杂志,2021(2):157.

通过某一主体的权力或权利以及主体行为的规范来实现车联网数据的多元共治。

三、多维分层的法律治理对象

车联网数据作为法律治理对象，主要指智能网联汽车运行过程中所生成的各种数据中需要予以法律规范或调整的数据。车联网数据事实上大致可划分为个人信息、车况数据、人车交互数据、周围环境感知数据等，这些数据在现实中的不同聚合使得其在法律上的评价颇具差异。由于车联网数据存在形态复杂，各主体对数据治理的对象存在判定不一致的现象。❶车联网数据划分不以个人数据、企业数据、政府数据三分法为依循，而根据数据的法律性质，将车联网数据法律治理对象划分为车联网个人信息、车联网企业数据、跨境状态下的车联网数据，以期勾勒车联网数据之个人信息保护、数据产权保护、数据安全于一体的综合治理图式。

根据数据形态演化逻辑，从数据治理对象与车联网数据治理对象的同构与异构界分中，通过法律概念和话语体系的对接实现车联网数据在相关法律制度的落地生根。基于个人信息维度、数据产权维度、数据安全维度三个面向，将车主信息、车况数据、人车交互数据、周围环境感知数据等车联网事实数据，适配于物、人格、智力成果、竞争利益等法律关系客体之内。具言之，其一，个人信息维度下的车联网个人事实数据形态为车辆及用户个人识别信息（如车辆基本信息、车主信息、投保信息等），以及驾驶者在行车过程中产生的个人数据（如用户位置记录、行车轨迹、驾驶习惯、操作和控制记录）等，其对应的法律治理对象为个人信息和敏感

---

❶ 许可.重大公共卫生事件的数据治理［J］.暨南学报（哲学社会科学版），2021（1）：80—91.

个人信息。其中,对于不关联用户个人信息的单车车况数据、人车交互数据、周围环境感知数据,不纳入法律治理对象。其二,数据产权维度下的事实数据形态为大规模的车联网数据集合、车联网数据产品、车联网智能生成数据等,如同一车型或不同车型关于基础属性类、车辆工况类、周围环境感知类、车控类、应用服务类数据的不同集合,以及加工所形成的原生数据和衍生数据,如行驶区域热力图、预测性维护、异常轨迹检测、驾驶行为分析、分时租赁区域查车、路径规划、用户分析、运力分布图等。其对应的法律治理对象为数据财产(物、智力成果、商业秘密、竞争利益等)。其三,数据安全维度之下的事实数据形态为严重威胁国家安全、公共利益乃至个人或企业利益的车联网数据,其对应的法律治理对象为重要数据、核心数据。综合观之,车联网现实形成的数据可匹配于现有制度所确定的客体之中,如个人信息法律关系、财产保护法律关系、数据安全法律关系之中。对于无法纳入现有法律保护客体之中的车联网数据,可通过权利客体扩张或构建新型权利的方式,对车联网数据加以保护。譬如针对衍生数据,通过商业秘密、知识产权等现有财产权制度无法得以保护的情形下,可设置新型的衍生数据权加以有效保护。

四、二元共治的法律治理方式

车联网数据治理中存在技术治理与法律治理两种主要方式。车联网涉及计算机技术、通信技术、信息融合技术、传感技术、自动控制技术、人工智能等,技术治理在车联网数据治理中占据重要地位。车联网汽车生产商、服务平台可通过算法、代码以及技术标准等方式实现对车联网数据的技术治理,如关于汽车总线数据和车联网后台数据的获取权限等,关于车联网个人信息采集要求、车联网信息服务数据安全技术要求等技术标准的制定,无人驾驶汽车算法的内嵌和自动化决策等,都蕴含着深厚的技术治理逻辑。然而，较之法律治理，技术治理主体往往集中于汽车生产商、零部件和软件提供者、车联网服务平台、保险公司等利益相关方之中，导致技术治理存在自我利益偏好、过度市场化、封闭性治理、普适性不强等缺陷，影响车联网数据治理效果。法律治理则强调社会共识、普适性、强制性等，通过明确权利义务关系、职责权限等完善车联网数据治理法律法规体系，达到对车联网数据的规范治理。技术治理方式区别于以国家为核心的法律治理方式，应在坚持国家主导的前提下引入社会元素，实现技术治理与法律治理二元共治方式。❶ 车联网数据法律治理应融合技术治理元素，强调技术治理手段在法律治理中的运用，通过代码的法律化❷、车联网数据相关技术标准的法律化、车联网数据相关行业自律规程的规范化、车联网算法规制等方式，实现车联网数据法律治理与技术治理的共治。

值得注意的是，在以国家为核心的法律治理方式中，政府治理处于重要的角色。治理工具指参与治理的各主体（尤其是指政府或公共部门）为了解决公共问题，实现一定治理目标，而采用的可辨别行动机制或策略，由制度、组织系统、媒介和行动组成。❸ 政府工具经常是以集群、组合的方式出现，各种治理工具形成的工具箱为政府治理提供了丰富多样的治理工具选择。❹ 治理工具的类型主要包括管制性工具、经济性工具、整体性工具、网络化工具、契约化工具。❺ 由此可见，治理工具亦称政策工具，

---

❶ 郑智航.网络社会法律治理与技术治理的二元共治[J].中国法学，2018（2）：128.

❷ 劳伦斯·莱斯格.代码2.0：网络空间中的法律[M].李旭，沈伟伟，译.北京：清华大学出版社，2009：89.

❸ 张璋.理性与制度：政府治理工具的选择[M].北京：国家行政学院出版社，2006：16.

❹ 卓越，李富贵.政府工具新探[J].中国行政管理，2018（1）：79.

❺ 黎智洪.大数据背景下地方政府治理工具创新与选择[J].湖南大学学报（社会科学版），2018（5）：149.

属于公共行政管理领域的范畴，而法律治理则从立法、行政、司法等综合性视角来探讨车联网数据法律治理方式。在治理工具的序列里，制度被视为最重要的决定治理工具绩效的功能性要素。❶ 政府治理与法律治理具有紧密联系，法律治理要求政府治理采取合法合理的方式。当前学界对数据治理中政府所处角色进行了一定讨论，如关于个人信息保护中用户赋权模式、国有化保护模式、数字服务税模式等，关于企业数据财产定性中专营资产、知识产权等讨论，皆反映了对政府在数据治理中的角度定位所秉持的不同态度。在以国家为核心的技术治理与法律治理共治方式下，政府治理应根据车联网数据的不同类型和聚合形态，确立分层、分类的弹性治理方式，在此基础上加强技术手段在法律中的应用，完善车联网数据数字监管手段，促进车联网数据协同治理，有效防范车联网数据风险，推动车联网行业健康发展。

第四节　车联网数据法律治理的制度安排

车联网数据关涉个人隐私安全、行车安全与国家安全，是个人、社会与国家之间综合博弈点，各种利益汇集交织，因此对其治理攸关利益分配与社会秩序的点面平衡，辐射国家稳定全局。知悉车联网数据治理之必要性固然重要，明晓车联网数据法律治理逻辑，建立车联网法律治理规则亦不可或缺。一定意义来说，车联网数据法律治理规则为车联网治理的要津之地、躯干筋骨。车联网法律治理规则的建立，需要在明晰主体前提下，通过赋予权利、设定义务等方式予以实现。具体实现图景则可根据不同需

---

❶ 胡显根.浅论政府治理工具创新的制度——技术逻辑［J］.安徽行政学院学报，2021（1）：39-44.

要进行多样化设置，从个人信息保护制度、数据产权保护制度、数据跨境监管制度、数据协调保护制度等多维化综合体系进行治理，以形成车联网法律治理体系的立体架构。

一、车联网个人信息保护制度

（一）车联网个人信息获取规则

车联网数据产生于汽车使用期间，而数据的获取需要汽车的运行和驾乘人员的使用。车联网数据的获取包含两种方式：法定采集与同意采集。

法定采集为特定主体基于维护社会公共利益、社会秩序、国家安全等需要，依据法律法规予以采集。毕竟自然人作为个体是弱小的，需要集体力量作为后盾，维持社会秩序，从而保证人们之间的相互信赖与依存，避免"所有人对所有人的战争"，维系每个人的利益底线。社会公益层面需要人们普遍同意授权特定主体权利，对数据进行收集，同时进行分析与运用。法定采集以法律授权方式规定，可采取概括式授权与单一授权。由于概括式授权容易导致授权事项过宽，从而使得授权名存实亡，因此应被严格限制使用；而单一授权基于特定事由进行充分明确授权，"一事一议"，防止向任意授权逃逸。同时，在数据采集授权主体与授权事项上应当分工明确，避免重复授权、越权采集。车联网数据法定采集理由，主要包括：基于公共安全、社会秩序、国家安全需要；维护个人生命、财产等重大合法权益需要；与刑事侦查、起诉、审判和判决执行等直接相关的；出于公共利益需要开展统计或学术研究所必要等情形。《关于办理刑事案件收集提取和审查判断电子数据若干问题的规定》中法院、检察院与公安机关的法定数据收集，便可扩展至车联网数据。《数据安全法》亦认可法律、行政法规可授权特定主体收集车联网数据。法定采集由于其带有一定的强制性，因此不可避免地会与车主的个人隐私与汽车制造商或运营商的数据权益发生冲突，故不可随意设置。法定采集的车联网数据应当在法律、行政法规明确规定的目的与范围内，按照规定的条件、目的、范围与程序予以使用。

同意采集为特定主体经过采集对象同意后，方可采集相关信息。同意采集所涉数据往往与个人息息相关，因此需要被采集对象知悉与同意采集的内容、目的、方式后方可采集，否则将会侵犯个人隐私安全与尊严。❶ 同意采集意味着车联网数据的采集主动权掌握在个人的手中，汽车制造商、汽车运营商、网络服务商以及应用软件运营商均不得任意采集个人信息。只有个人知悉实情后，并明确同意授权时方可对其进行数据采集之行动。同意采集实际上是将车联网个人信息视为人格的延伸，体现人的尊严，这也是对现代数据分析与利用技术发展的回应。❷ 同意采集语境中的"个人"，包括车主、驾驶员、乘车人、车外人员等。我国《网络安全法》规定收集用户信息，应当明示告知并取得同意。《汽车数据安全管理若干规定（试行）》将车主、驾驶人、乘车人、车外人员等统一规定为个人信息主体。同意采集的"同意"，意涵不仅包括采集行为的同意，还应包括采集数据的内容与范围、采集数据使用方向与目的、使用时长等方面的同意。另外，同意不仅包括单一主体同意，还包括多重主体的同意。换言之，车联网数据的权益主体，可能同时包含车主、驾驶员、乘客、汽车运营商、应用软件运营商等，因此同一份数据的采集，可能需要征得多重主体的授权同意。任一主体的拒绝授权，均会导致车联网数据采集的失败。

---

❶ 郭江兰.个人信息保护制度的反思与改进：以主体利益冲突与衡平为视角[J].科技与法律（中英文），2021（6）：48-57.

❷ 王苑.数据权力视野下个人信息保护的趋向——以个人信息保护与隐私权的分立为中心[J].北京航空航天大学学报（社会科学版），2022（1）：45-57.

此种权益的分散，增加了导致"反公地悲剧"的可能性，因此需要细化同意采集规则，在具体情境中平衡不同个人信息主体间的信息自决权，进而确保智能网联汽车安全、高效运行与及时应对突发情况的能力。

从个人信息主体身份角度观之，车联网个人信息主体身份的差异，并不导致个人信息权权能种类的不同，相反，驾驶员、车主、乘客、车外人员对自身的个人信息均享有知情同意权、查阅权、复制权、撤销权、删除权等权能，而不同车联网个人信息主体权能内容的区别需要结合具体场景予以划定，如对营运车辆的车主删除行程数据进行合理的时间限制。就知情同意权而言，在车辆运行状态中，考虑到不同信息主体与车辆交互的直接程度、难易程度，驾驶员行使知情同意权的外部条件最为充分，而乘客往往需要借助驾驶员之手实现其知情同意权。"一刀切"的告知同意规则不利于简化车联网采集个人信息的过程、提高人车交互的效率，现实中亦没有必要向每一位乘客告知驾驶员已经设置好的智能决策内容并征得其同意，而体现为乘客对驾驶员提出明确要求修改原设置或默示接受驾驶员已作出的设置。从个人信息类型角度观之，车联网个人信息包括一般个人信息与敏感个人信息，对敏感个人信息的采集因涉及数据主体人身、财产安全而采取"特定目的 + 单独同意"规则。个人信息保护维度中，对敏感个人信息的判断主要依据《个人信息保护法》中的标准，亦需兼采"场景理论"以克服车联网敏感个人信息与一般个人信息界限模糊的难题。对车联网一般个人信息的采集可基于保障行车安全之目的适当放宽，即适用"最小目的 + 概括同意"的知情同意规则。从个人信息内容角度观之，数据处理者采集车联网个人信息受到"目的明确""最少必要"原则的制约。在同一情境中，不同个人信息主体需提供的个人信息的内容存在明显差异。例如，网约车运营需要采集驾驶员的个人生物识别信息、网络身份识别信息、健康生理信息等，而只需要采集乘客的面部识别信息和车外人员的相对位置信息（非个人信息）。但是，车载录音、摄像设备暂不具有识别、区分、匿名化个人信息的能力，如车载录音设备采集的是座舱内产生的所有语音信息，不可能只采集驾驶员与乘客间的通话而不采集乘客与车外人员之间的通话，即在合法采集个人信息的同时存在将私密信息一并采集的可能性。此时，只能寄希望于数据处理者恪守法定义务，将未经同意采集到的私密信息、敏感个人信息删除或脱敏处理。综上：（1）知情同意规则的实现需要个人信息主体与数据处理者共同参与，个人用户的"同意"以数据处理者的清晰"告知"为基础，进而在车内处理原则、默认不收集原则、精度范围适用原则、脱敏处理原则对数据处理者的制约中，实现车联网个人信息的全方位、分阶段保护；（2）驾驶员设置的知情同意效力不应延及租车人与乘客，以确保车联网个人信息主体的人格平等，但对车联网一般个人信息设置"最小目的 + 概括同意"的知情同意规则，从而满足行车基本需要，提升车联网运行的效率；（3）在复杂的交通情况中，存在无法征得个人同意但必须采集其个人信息的情况，如果信息采集符合信息主体的合理期待，或为了保护更高位阶的法益，则无须征得个人同意，以此弥补知情同意规则在车联网领域的适用缺陷。

（二）车联网个人信息利用规则

车联网数据是人与车辆的信息交互集合体，因此数据中包含着个人原生信息、车辆原生数据、人车交互衍生数据以及车辆衍生数据。这些数据的赋权与权属不同，因此数据的利用亦存在差异。

就个人信息而言，由于与个人身份、习惯等难以分割，可以用于对自然人画像，关乎个人隐私尊严，故此类数据的利用，除非取得个人的明确同意，否则不得为之。若个人信息主体同意他人使用其原生信息，那么视为对其个人隐私的狭窄空间的适当开放。他人获得使用授权，亦不得随意使用，应当在同意的目的与范围、条件下使用，且不得进行转授权，转授权需要获得个人信息所有者的再次授权。❶ 授权期间，个人信息所有者可主张对授权个人信息利用情况进行查阅与复制。在授权结束、授权不符合目的或条件之时，个人信息所有者可要求进行删除或撤销授权。如汽车转让、停止租赁或报废时，应将使用车辆过程中产生的除反映真实车况外的数据恢复"出厂设置"，确保原车主或相关主体的个人信息及时删除。

就车辆原生信息而言，鉴于车辆原生信息属于复合型信息，包含着车辆制造商公布的公开配置信息以及未公开的机密信息，因此利用方式应当予以区别。公开的原生车辆信息，任何人均得以收集与利用，无论是商业使用抑或个人研究。机密的原生车辆信息，则属于车辆制造商或运营商的商业机密，如若符合商业秘密的构成要件——秘密性、保密性与价值性，那么便可以作为商业秘密进行保护，其利用应当获得汽车制造商或运营商的许可，否则构成商业秘密侵权；如若仅是一般的公司秘密，仍需要获得汽车制造商或运营商的同意，否则构成不正当竞争。商业秘密侵权与不正当竞争的区别在于保护的力度不一样，商业秘密侵权路径能够为车辆制造商或运营商提供更强的保护。

人车交互衍生的数据，既包含着能够反映个人身份、习惯、偏好的数据，还包含着车辆本身的数据，而且二者是结合在一起予以体现的，因此数据的利用需要区分可否脱敏。如若人车交互衍生的数据不可进行个人信息脱敏，与个人信息紧密相关，那么必须同时取得车辆制造商或车辆运营商以及个人同意，否则该数据不得予以利用。这类似于"微博诉脉脉案"中的"多重授权"原则，即用户、微博等均须授权认可。同时，人车交互衍生数据利用后产生的收益，需要在多方之间进行分配。当然，个人信息所有者拥有对信息的利用情况查询、复制权利，在授权届满、授权不符合

---

❶ 李立丰.《个人信息保护法》中"知情同意条款"的出罪功能［J］.武汉大学学报（哲学社会科学版），2022（1）：143-156.

约定时，撤销授权并要求删除个人信息的存档。如若人车交互衍生的数据可以进行个人信息脱敏，那么在脱敏处理后，人车交互衍生的数据利用便仅需要获得车辆制造商或运营商的同意，而无须个人认可，易言之，个人隐私不延及不具有识别性的衍生数据利用。

（三）车联网个人信息保护例外规则

车联网个人信息采集以同意采集为原则，当然也有例外。毕竟个人信息保护主要保护的是个人隐私的私益，当与国家安全、社会秩序等公共利益发生冲突时，为维护人们长时间社会生活实践所形成的社会集体的稳定安全，因此可适当对个人隐私保护进行限制。因此，当法律、行政法规规定采集不需要告知或者采集需要保密的，可以不告知个人采集行为与事实。

另外，个人信息保护的对象性，要求信息的个人化、秘密化与无他涉化，但人们总是生存于一定的社会关系中，无法孤立于他人而生存。因此，人们使用车辆，进入车联网系统时，便已与车辆制造商或运营商、应用软件运营商密不可分。为保护车主、乘客的安全，预防和改善车辆技术性或物理性故障，防止车主、乘客的偶发性行为造成严重交通事故，导致人身和财产的重大损害，一定程度上允许车辆制造商或运营商对车主、乘客的驾驶与乘坐信息进行采集，也有助于保护个人人身和财产安全，保护交通秩序和安全。❶因此，在个人信息采集直接目的为服务于车主、驾驶人、乘客、行人和其他车辆与乘员的人身和财产安全等利益时，可适当允许无须事前同意的个人信息采集，或事先概括性同意后无须具体个案性同意的个人信息采集。

---

❶ 朱荣荣.个人信息保护"目的限制原则"的反思与重构——以《个人信息保护法》第6条为中心［J］.财经法学，2022（1）：18-31.

我国已经有部分规定采纳了个人信息采集的例外规则。如《汽车数据安全管理若干规定（试行）》亦规定有关部门依据职责，对汽车数据处理者进行数据安全评估，汽车数据处理者应当予以配合提供数据。另外，《汽车采集数据处理安全指南》中也明确规定"不应通过网络向外传输包含其个人信息的车外数据"和"不应通过网络向外传输座舱数据"的一般原则外，还规定匿名化处理之数据、执法部门要求传输之数据、直接服务于车主利益的功能性采集数据，可采取同意采集之例外，无须获得车主的同意。

二、车联网数据产权保护制度

从我国当前制度实践观之，车联网数据包括个人信息和企业数据等。其中个人信息具有较强的人格属性，我国主要通过《民法典》《个人信息保护法》等加以保护，其在保护方式、保护范围等方面与企业数据保护颇具差异。较之企业数据，个人信息的获取和利用亦以较为严格的限制。❶当然，个人信息所涵摄的权利，既包括个人信息财产权，又包括个人信息人格权，不过二者均与个人相关而受制于个人的意思自治。❷企业数据财产权则是对车联网数据剔除个人信息后的数据集合所赋予的财产性权利。因此，车联网数据的财产保护制度是对车联网数据中剔除个人信息的数据，包括原生数据和衍生数据在内的企业数据进行财产性赋权与保护的制度设计。

---

❶ 彭诚信.论个人信息的双重法律属性［J］.清华法学，2021（6）：93.
❷ 刘德良.个人信息的财产权保护［J］.法学研究，2007（3）：90.

（一）数据权保护规则

虽然学者们对数据权具体权能存在争议，但大部分学者都主张数据权的存在。❶ 数据财产权意指数据的持有者或经营者对数据进行收集、处理、收益和处分的权利。❷ 数据权是一种结构性权利，权能较为多样，但其本质是财产性权利。

车联网数据中，原生数据的特点在于信息量繁多而杂乱、无规律，商业直接利用可能性不高。因此，需要对其进行分析、挑选、整合后形成具有目的性、规律性的数据集合，即衍生数据。衍生数据是深度加工后的数据，天然的信息指向性与应用性，使得衍生数据具有较高的商业价值。是故，衍生数据是投入脑力进行劳动加工后的产物，是智力成果。❸ 具体可包括汽车发动机、悬挂等品控相关数据、障碍躲避与失灵数据、车辆座椅形塑与舒适度数据等。以物权、商业秘密、著作权保护衍生数据，均存在保护的片面性等缺陷，难以匹配衍生数据的本质属性。正如学者所言，"新的知识产权客体不应仅仅局限于当初的智力成果权范式，须与时俱进加以适度扩张"❹。为激励数据创新和利用，促进数据产业和数据竞争力的提升，应对相关主体赋予衍生数据专门权利。详言之，衍生数据的无

---

❶ 童彬.数据财产权的理论分析和法律框架[J].重庆邮电大学学报（社会科学版），2019（1）：51；赵锐，侯晓娜.企业数据的立法保护困境及法律构造[J].南京理工大学学报（社会科学版），2020（6）：10；王德夫.论我国"大数据战略"背景下社会创新的制度保障：以知识产权为视角[J].南京理工大学学报（社会科学版），2019（3）：32.

❷ 徐汉明，孙逸啸，吴云民.数据财产权的法律保护研究[J].经济社会体制比较，2020（4）：185.

❸ 刘双阳，李川.衍生数据的财产属性及其刑法保护路径[J].学术论坛，2020（3）：45.

❹ 余海燕."智力成果权"范式的固有缺陷及危机——兼论知识产权统一性客体[J].理论导刊，2011（7）：93.

形性、可复制性、价值性，与知识产权之间有着天然的共性；同时基于衍生数据的集合特性，可将其视为知识产权的新型客体，通过设立衍生数据权，作为知识产权的特别权利予以保护。在权能设置上，可借鉴集成电路布图设计保护，兼容并蓄专利权、著作权等权能内容，配置数据控制专有权、许可他人复制并获得报酬权、许可他人使用衍生数据并获得报酬权等权能。❶

（二）商业秘密保护规则

我国反不正当竞争法规定符合秘密性、价值性与保密性的商业信息，均可作为商业秘密进行保护。❷商业信息可以数据的形式予以表达与存在，换言之，数据亦可适用商业秘密保护规则。由于车联网数据的数据集合，内含数据形式多种多样，包括公开数据、未公开数据，因此车联网数据并非一体性进入商业秘密保护路径，而是有区分地进行分类保护。❸

车联网数据商业秘密保护范围主要指基于车联网技术所生成的数据中所含有的技术信息、经营信息等商业信息。车联网数据可通过商业秘密进行保护的范围包括基于车联网体系运行中所生成的车况数据、人车交互数据、周围环境感知数据等类型，而不包括在智能网联汽车的设计、生产、销售、运营、管理中所产生的公司经营规划、工厂图表、装配线原理图、机器人配置和文档、ID 徽章请求表、VPN 访问请求表、合同信息、发票、工作计划和其他客户资料等基于企业经营和管理所产生的技术性资料

---

❶ 孔祥俊.商业数据权：数字时代的新型工业产权——工业产权的归入与权属界定三原则［J］.比较法研究，2022（1）：91.

❷ 黄武双.商业秘密保护的合理边界研究［M］.北京：法律出版社，2018：1-13；祝磊.美国商业秘密法律制度研究［M］.长沙：湖南人民出版社，2008：1-25；齐爱民，李仪.商业秘密保护法体系化判解研究［M］.武汉：武汉大学出版社，2008：1-9.

❸ 卢扬逊.数据财产权益的私法保护［J］.甘肃社会科学，2020（6）：132-138.

的数字化内容。车企后台所掌握的车况数据、驾驶行为数据、故障数据亦可能构成商业秘密。如与汽车制造商、汽车运营商的汽车制造技术,包括内燃机制造技术与改进方案、电机制造与安全改进方案、悬挂设计与改进方案、减震设计与改进方案、降噪技术与改进方案等不为同领域技术人员所知悉,具有秘密性的信息,可以作为商业秘密,以商业秘密权的方式进行保护。汽车上的车机系统装载各种用以提高汽车操作效率与提升驾驶体验的应用程序收集的数据,如若可剔除个人信息进行脱敏处理,且不为公众所周知,车辆运营商或应用程序运营商采取保密措施后,亦可作为商业秘密进行保护。如随着我国智能网联汽车测试示范区范围不断扩大,测试过程中所生成的数据便属于企业的重要资产,可能构成商业秘密。加拿大《智能汽车测试指南》明确规定,管理机构非必要不要求智能汽车测试主体提供敏感以及涉及商业秘密的信息,并需要采取适当措施保护这些数据信息。❶

(三)著作权保护规则

车联网数据由于与生俱来的集合性,故往往以数据库形式存在,包含原生数据与衍生数据。车联网数据库中原生数据关注形式层面的数据集合,衍生数据属于内容层面的数据集合,前者是对数据整理、存储等而形成的独特形式集合,且独立于应用程序;后者是对数据进行深度加工进而形成的具有商业价值的信息,如按照特定标准所形成的车联网用户信息和用户评论、驾驶行为习惯分析图等。当然,车联网数据中的原生数据虽然可以包含车联网与信息娱乐功能、分厂商分车型预装量、供应商等数

---

❶ 缪明月.智能网联汽车测试管理不应忽视数据资产保护——兼谈《智能网联汽车道路测试与示范应用管理规范(试行)(征求意见稿)》[EB/OL].(2021-01-20)[2022-01-02]. http://www.mzyfz.com/html/1022/2021-01-20/content-1458289.html.

据的数据库形态出现，但囿于产生的自发性与偶然性，未有自然人的智力主动、有意识的参与，因此原生数据难以构成著作权法意义上的作品。车联网数据中的衍生数据是基于深度加工后，属于有意识处理的产物，因此体现了自然人的智力投入。不过，著作权法意义上的作品所需独创性，并非严格秉持"额头出汗"原则，而是需要最低程度的独创性，即应当留存作者的智力烙印。因此，车联网衍生数据中，投入的大量劳动和资金，凝聚了企业的挖掘、分析、加工等智慧，符合最低程度独创性标准的数据，可作为汇编作品，通过著作权规则进行保护。而对符合汇编作品的数据进行传播和进一步处理形成的数据，不能符合独创性要求的，则不能通过著作权规则进行保护。有学者提出设立数据处理者权进行保护，不失为可供适用的保护规则。❶ 通过该赋权既可防止著作权体系的过分扩张，又可满足数据处理者的利益诉求，激励其进一步对数据进行收集、处理、利用与创新。

（四）反不正当竞争法保护规则

数据作为一种资源，具有稀缺性。稀缺性使得数据具有财产属性和竞争工具属性，可通过占有、泄露或使用等方式，增加自身或减少他人竞争优势或商业利益，从而使得他人可获利益减少或竞争能力消减。❷《反不正当竞争法》第 2 条规定，经营者应当遵守商业道德，诚信经营，不得扰乱市场竞争秩序，损害其他经营者或消费者合法权益。当前，诸如不当获取、使用、公开数据等不正当竞争行为开始蔓延，应构建数据权，明确权

---

❶ 陶乾.论著作权法对人工智能生成成果的保护——作为邻接权的数据处理者权之证立［J］.法学，2018（4）：3-15.

❷ 冯晓青.数据财产化及其法律规制的理论阐释与构建［J］.政法论丛，2021（4）：81-97.

利归属,规范数据的获取与利用。❶

目前我国立法尚未对数据权利加以明确,可通过反不正当竞争法将车联网数据本身的工具属性和指向的利益加以使用和分配,在他人未经许可获取、使用该数据时,适用反不正当竞争法保护规则。❷ 具体而言,车联网数据的持有者,包括车辆制造商、运营商、应用软件提供商等,如若合法持有的数据被他人以违背商业道德的方式予以爬取、截留或使用,扰乱市场正常的数据收集、处理、利用与处分秩序,损害数据持有者合法权益的,可适用反不正当竞争法进行保护。❸

三、车联网数据跨境监管制度

当前,全球进入数据经济时代,数据牵涉个人尊严,关乎国家安全。跨境数据成为各国管控的重中之重。车联网数据跨境监管须满足主权尊重原则、最低必要原则、安全保护原则。其一,主权尊重原则。尊重国家主权与管辖权是国际交往的基础,否则国际之间只会发生冲突,难以和谐共处。数据跨境必然涉及多个国家,因此各国应当秉持尊重他国主权的理念,对数据跨境进行监管,而不可凭借自身强大的实力,强行要求他国在监管冲突时予以让步。❹ 数据监管时长臂管辖,会损害他国主权,并不利于数据跨境的顺利进行。RCEP协议规定缔约各方应当充分了解各成员方对数据跨境监管的必要,便是传达了尊重他国主权的意旨。因此,各国应

---

❶ 曹胜亮,张晓萌.人工智能时代数据竞争的法律规制[J].学习与实践,2019(10):88.

❷ 仲春.数据不正当竞争案件的裁判规则[J].人民司法,2019(10):21.

❸ 宁立志,傅显扬.论数据的法律规制模式选择[J].知识产权,2019(12):29.

❹ 何傲翾.数据全球化与数据主权的对抗态势和中国应对——基于数据安全视角的分析[J].北京航空航天大学学报(社会科学版),2021(3):18-26.

当在保护自身合法权益基础上，不干涉他国内政和妨碍司法与执法主权，尊重他国数据主权。其二，最低必要原则。数据跨境流动时有利于各国信息共享，促进信息透明度与资源优化配置，因此促成数据跨境流动总体有利。在不涉及国家安全、个人隐私、经济安全、公共安全等重要数据、敏感个人信息时，数据跨境监管应当遵循最低必要监管原则。换言之，数据跨境监管机构应当为数据跨境流动提供适当便利，非为公共政策目标或者保护公共利益等合理理由，不得随意干涉数据跨境交易自由，坚持最低程度监管参与力度。其三，安全保护原则。保护国家与公民安全是进行数据跨境监管的最终目的。当前，国际社会数据霸权现象时有发生，"棱镜门"阴霾仍然笼罩在人们心头。❶ 因此，人们对于保护隐私安全与国家安全的立场不会动摇。安全保护原则应当是监管机构通过各种措施监管数据跨境的行为指引，在保障数据管辖权与控制权的基础上，数据跨境监管不仅要隔断外来势力侵入，也要筑牢内向保护屏障，保障公民数据安全与国家数据主权。在确立车联网数据跨境监管原则的基础上，通过制定车联网重要数据识别和备案规则、境内储存规则、数据企业资质及准入规则、数据分类分级与跨境流动审批规则、数据跨境清单规则，共同构成车联网数据跨境监管制度体系。

（一）车联网重要数据识别和备案规则

车联网行业以全球产业链的高度融合为主要特点，平衡数据安全与产业链协同共进是该行业无法回避的问题。建立车联网重要数据识别目录有益于监管机构提升效率、协同配合，但是重要数据的范围过于宽泛、模糊，将抑制车联网数据的流通，使不应受数据跨境流动限制的车联网数

---

❶ 廖斌，刘敏娴.数据主权冲突下的跨境电子数据取证研究［J］.法学杂志，2021（8）：147-161.

据落入本土化框架，阻塞国内外车联网企业的共同开发。《汽车数据安全管理若干规定（试行）》以"概括＋列举"的方式对汽车行业重要数据进行了初步确认，为车联网重要数据目录勾勒雏形，亦具有进一步完善的空间。其列举了五种由智能网联汽车直接采集或数据处理者汇集加工形成的重要数据，分别为：（1）重要敏感区域的地理位置、人员流量、车辆流量数据；（2）车辆流量、物流等反映经济运行情况的数据；（3）汽车充电网等关键基础设施的运行数据；（4）包含人脸信息、车牌信息等的车外视频、图像数据；（5）涉及个人信息主体超过 10 万人的个人信息。经分析，主要存在以下不足：第一，重要敏感区域的定义不明且具有细化的空间，针对敏感程度的不同，重新审视对地理位置、人员流量、车辆流量等数据限制境外流通的必要性。如对军事区域而言，其内外部环境数据均应受到较高层级的保护，但政府工作区域外的人员流量、车辆流量数据因不能反映该区域内的运行情况而不应一概作为重要数据。此外，多数县级以上党政机关的位置数据在现有民用导航中已经有所体现，将其作为重要数据予以保护缺乏现实的紧迫性，与之相反的是未公开区域的地理位置数据可能因涉及国家安全而具有纳入重要数据范畴的必要。第二，并非所有与经济运行情况相关的数据均应受到跨境管控，如一定时间内的汽车销售数据、汽车消费者偏好数据等，而未经公开的能够反映宏观经济情势的车联网数据则应作为跨境限制的重点之一。第三，车联网关键基础设施的种类将随着车联网技术的发展而增加，关键基础设施的信息安全事关国家的正常运转，互联网本身的脆弱性与关键基础设施的安全运转需求间存在尖锐矛盾，❶ 此类网络攻击在现实中屡见不鲜，故不可轻视对其运行数据的保护。第四，就个人信息而言，车联网数据处理者采集其他交通参与主体的个人

---

❶ 王玥，马明虎."互联网＋"时代关键基础设施信息安全法律保护研究［J］.西北大学学报（哲学社会科学版），2016（5）：161.

信息应遵循脱敏处理原则，基于个人信息跨境须经过个人信息主体的知情同意，而其他交通参与主体的个人信息会在不知情的情况下遭到采集，所以应重视对其他交通参与主体的个人信息权保护。第四，在设置个人信息跨境保护的定量规则时，应同时考虑信息本身的量级和其中关涉的人的数量，并根据车联网技术的发展状况调整"量"的刻度。第五，值得注意的是，规定删除了征求意见稿中的"高于国家公开发布地图精度的测绘信息"，这一方面是因为智能网联汽车外部摄像头所获环境信息受到《测绘法》及相关配套规则的约束，具有测绘资质的企业本身就是监管的重点对象；另一方面，通过加密处理等技术手段足以对地图数据进行保密，且应作为车联网重要数据纳入监管的不是高清地图本身，而是高清地图中包含的重要敏感区域的环境信息，这已经通过前述几条予以体现。

综上，制定车联网重要数据应从保障国家、市场、个人安全三个维度着手，这亦符合重要数据兜底性条款的趣旨，其中包括但不限于：（1）军工管理区、国防科工单位等重要军事区域的环境数据；（2）与政府工作区域相关的人员、车辆流动数据；（3）未公开区域的地理位置数据；（4）汽车充电网、卫星导航定位基准站等关键基础设施的运行数据；（5）未经脱敏处理的车外个人信息，包括可以识别到特定个人的车牌编号；（6）一定数量的个人信息及关涉一定人数的个人信息。

（二）境内储存规则

车联网数据的跨境，不仅是数据本身的跨境，同时意味着数据承载的个人信息、地理环境信息、车辆驾驶信息、车辆制造技术与水平信息、经济发展状态以及国防安全等信息的跨境。其中可公开获得的纯地理环境信息的跨境，对各国的影响较小。不可公开获得的信息，包括个人信息，根据车辆行驶信息、人车交互信息可合理分析衍生的经济发展状况信息，车辆制造技术信息及技术缺陷信息，以及根据车辆行驶信息、地理环境信息等可合理衍生的国防安全信息等，关乎个人隐私、企业技术与秘密、国防安全等。因此，为保证国家安全、公共利益以及有关组织和个人合法利益，应当对车联网数据的境内储存进行规定，建立境内存储规则。

车联网数据，包括本国车联网系统产生的数据以及通过数据跨境流入本国的数据。对于一国境内产生的车联网数据，应当储存于本国境内的服务器之中，且应当保证数据在一定时间的备份，以便随时查询。❶储存位置与服务器，应当便利数据安全监测与预警；以及在发生数据安全风险时，方便及时进行转移依法实施出口管制。❷对于他国流入本国的车联网数据，在存储前应当进行数据的安全风险检测与监测，对含有病毒、诋毁国家形象、挑动群体对立等损害国家安全、公共利益的数据进行剔除。对于无法短时间确定车联网数据安全性的，可要求其存储于特定本国服务器之中，从而便于进行监控与处理。符合国家安全、经济发展、社会稳定等车联网数据，则应当允许输入国内，储存于国内服务器之中，并促进数据的开发、处理与利用。同时，由于车联网数据与国家安全、公共利益等关联性强弱不同，关系国家安全、国民经济命脉、重要民生、重大公共利益、履行国际义务等有关的车联网数据，应当进行出口管制，必须储存于本国服务器之中，方便进行利用和监管；且该数据原则上不得跨境流动，如若需要进行跨境流动，必须向有关机关报告，进行严格管理和审批。

（三）数据企业资质及准入规则

车联网数据的采集、利用与流动的主体，以企业为主。企业的数据存

---

❶ 何波. 俄罗斯跨境数据流动立法规则与执法实践［J］. 大数据，2016（6）：129-134；吴沈括. 数据跨境流动与数据主权研究［J］. 新疆师范大学学报（哲学社会科学版），2016（5）：112-119.

❷ BAKER M B. No Country Left Behind: The Exporting of U.S. Legal Norms under the Guise of Economic Integration［J］. Emory International Law Review，2005，19：1321.

储、利用、处理与保护能力，关涉车联网数据跨境流动的自由、安全与效率。资金充足，数据收集、处理与传输技术强，市场占有率高的企业，能够跨境收集与处理更多数据，对数据安全产生的影响更大。同时，不同国家的企业，遵守的数据跨境与数据安全保护方面的法律不同，产生的跨境数据收集与传输的安全影响亦存在差异。基于数据安全保护与跨境数据传输效率考量，对参与数据跨境的企业进行资质与准入评估甚有必要。从事车联网数据跨境的数据企业，应当满足一定的资质与符合准入评估要求。数据企业应当承诺遵守本国的数据安全保护规则，且在数据跨境流入他国之后，亦保证数据能够得到本国同样水平的保护，从而实现保护力度的实质等同。数据企业应当具有符合数据安全保护的制度与设施，建立符合数据安全保护的管理制度，防止数据跨境流动期间的不当获取、泄露。如美欧之间签订的《安全港协定》与《隐私盾协议》，便是对美国在欧盟从事数据收集与跨境的企业资质与准入的规定。❶ 值得强调的是，对处理关乎国家安全、重要民生、经济命脉等利益的重要数据跨境的企业，从事该类数据跨境处理，往往需要获得行政许可，同时承担更严格的数据安全保护义务，如在企业内部设置具体的数据安全负责人和管理部门，实际履行数据安全保护义务。❷

（四）数据分类分级与跨境流动审批规则

分类分级管理原则是数据安全监管的重要原则。车联网数据可分为一

---

❶ 王佳宜，王子岩．个人数据跨境流动规则的欧美博弈及中国因应——基于双重外部性视角［J］．电子政务，2022（5）：99-111；单文华，邓娜．欧美跨境数据流动规制：冲突、协调与借鉴——基于欧盟法院"隐私盾"无效案的考察［J］．西安交通大学学报（社会科学版），2021（5）：94-103；刘碧琦．美欧《隐私盾协议》评析［J］．国际法研究，2016（6）：35-47．

❷ 黄秋红，李雅颖．对接 CPTPP 数据跨境流动规则研究［J］．南海法学，2022（1）：115-124．

一般数据与重要数据（或核心数据）。❶ 对于一般数据的跨境转移，在企业申报数据跨境时，应当提供具有数据安全检测评估与认证资质的第三方机构提供的数据安全风险评估报告。如若报告确认一般数据并无数据风险，不会危害国家安全、公共利益、个人与组织合法利益时，有关机关可以批准数据跨境转移。重要数据的跨境转移，则需要进行严格的数据安全风险评估，依照数据类型、领域、行业、内容等进行审查，并定期向有关机关报送风险评估报告。属于国家秘密的重要数据，与国家安全、公共利益密切相关，应当向有关保密机关报告，并禁止数据跨境，除非保密工作机关依法认定可以跨境的除外。不属于国家秘密的重要数据，则应当进行安全审查，应当出口管制的，则限制数据跨境，确不需要进行出口管制的，则可以附条件允许数据跨境。此外，对于车联网个人信息的跨境，若涉及敏感个人信息，以《个人信息保护法》为基本依循，完善个人信息安全评估、跨境程序等程序，防止对个人信息加以篡改、破坏、泄露或者非法获取、非法利用。

（五）数据跨境清单规则

车联网数据关联多个领域，如车联网数据中与军事设施和管理区有关的车流、地理环境数据，与核电厂有关的周边环境与车流数据，与尖端技术有关的人员个人信息与有关乘车数据等，属于关乎国家安全、公共利益的重要数据，应禁止进入数据跨境流动。但是，普通单个车辆公开的车况信息、行驶数据，对国家安全、公共利益，组织与个人利益的影响并不明显，不需要进行数据跨境的特殊管控。为兼顾车联网数据跨境处理的安全与效率，可以设置数据跨境清单制度。对车联网数据依据不同行业、领域

---

❶ 洪延青.国家安全视野中的数据分类分级保护［J］.中国法律评论，2021（5）：75.

与内容，进行分类设置清单。❶ 关涉国家安全、公共利益的车联网数据，统一列入禁止数据跨境流动的黑名单，禁止任何企业或个人对上述数据从事数据跨境交易。对与国家安全、公共利益无关，但关涉组织秘密、个人隐私等组织、个人合法权益的车联网数据，设置数据跨境黄名单。要求数据跨境处理者对该车联网数据跨境应当获得个人明示授权，同时还应当对数据安全风险进行评估。只有数据跨境不会产生危害国家安全与公共利益时，方允许进行跨境传输。对于国家安全、公共利益以及组织、个人利益无涉的车联网数据，设置白名单进行管理，原则上允许此类车联网进行跨境流动，除非有权机关依法对该类数据进行特殊管制。

四、车联网数据协调保护制度

不同维度之下的车联网数据形态可以相互演化，决定了车联网个人信息保护制度、数据财产保护制度、数据跨境监管制度等之间并非绝对独立，而是统一于车联网数据法律治理体系之中。车联网数据协调保护制度主要包括"车联网个人信息 – 车联网企业数据"协调保护制度、"车联网个人信息 – 车联网重要数据"协调保护制度、"车联网企业数据 – 车联网重要数据"协调保护制度，旨在实现车联网数据治理的无缝连接、多维一体。其一，"车联网个人信息 – 车联网企业数据"协调保护制度，明确个人信息采集的三重授权适用条件，为促进数据流通和交易，数据处理者对经过用户授权的个人信息加以脱敏处理所形成的原生数据和衍生数据，向第三人许可或转让时，不应再取得原始用户的授权；限制个人信息主体删

---

❶ 孙晓涛.对接 CPTPP 外资准入负面清单规则研究［J］.中国经贸导刊（中），2021（9）：13；马兰.中国金融业深化对外开放的负面清单机制研究——基于 CPTPP 和 GATS 的比较分析［J］.金融监管研究，2019（9）：99.

除权与撤回权的行使,一旦原始数据和衍生数据不具有可识别时,车联网个人信息主体不得对数据处理者行使删除权与撤回权,当原生数据和衍生数据重新具有可识别性时,可回溯至个人信息权利保护规则的约束,但对之前不具有可识别性的车联网原生数据和衍生数据的交易和许可等无溯及力。其二,"车联网个人信息-车联网重要数据"协调保护制度,个人信息维度之下的个人信息与数据安全维度之下的个人信息具有不同的治理价值,个人信息维度强调个人信息的权利保护,数据安全维度强调数据监管且不对单独的非敏感个人信息加以保护。所以,车联网个人信息在通过权利保护的同时,须加强个人信息尤其是数据跨境的安全监管。尤其是车联网个人信息纳入重要数据对其进行数据安全监管的必要条件,即须明确车联网个人信息的纳入重要数据的定性与定量标准,合理界分车联网个人信息私权保护和公权管理的边界。其三,"车联网企业数据-车联网重要数据"协调保护制度,由于车联网企业数据可能包括影响国家安全、公共利益或者个人、组织合法权益且构成重要数据,所以在车联网企业数据产权化过程中,如构成重要数据,权利的行使须同时满足数据监管的要求和条件,即车联网数据产权维度之下的产权治理要让位于车联网数据安全维度之下的安全(跨境)治理,从而在数据交易和数据安全之间取得平衡。

结　语

车联网作为我国战略性新兴产业，技术层面实现了互联网技术、大数据技术、人工智能技术与交通领域的深度融合，产业层面实现了车辆、交通运输、工业电子、电子信息、通信、媒体娱乐等领域的一体发展。车联网产业在车－车、车－路、车－人、车－平台等不同应用场景中生成巨量车联网数据，并构成车联网产业的重要生产要素。数据治理虽与车联网数据治理在治理规则层面具有同构空间，如都对隐私侵犯、数据滥用、数据垄断、数据共享、数据安全等问题保持着极大的关切，数据治理的共性规则在车联网数据领域具有较大的适用空间。亦应看到，车联网是政策、技术、产业等多重因素共同推动的产物，车联网数据作为车联网发展的核心，关乎交通强国战略、汽车强国战略、国家5G新基建战略、国家大数据战略、国家安全战略等系列重大战略决策部署的落地，车联网数据法律治理在国家治理体系和治理能力现代化中占据重要地位，理应在数据治理体系中获得独立的地位。所以，在遵循一般数据治理共性规则的基础上，应针对车联网数据的特殊性创设适应车联网产业发展的单独治理规则，规范车联网数据规范发展，促进车联网产业的持续发展，保障国家多项战略目标的有效实施。

当前，关于数据治理的研究可谓汗牛充栋，纵然车联网数据属于数据的重要存在形态之一，但数据治理范式与车联网数据治理范式不可等量齐观。申言之，学理上对数据治理从个人信息保护、个人数据隐私保护、企业数据财产权保护、数据安全、网络安全等方面进行了较为广泛的研究，为车联网数据治理提供了可资借鉴的基本范式。然而，车联网数据生成的复杂性、数据来源的多元性、数据应用的广泛性，使得车联网数据较之一般数据具有更为复杂的治理逻辑。实践中，非法获取4S店车辆维修、保养数据等案例的报道，"失控奔驰"事件中车主对奔驰公司远程获取数据的质疑，"特斯拉车主维权风波"中车主是否有权向车企主张公开行车数据的热议，"酷米客诉车来了案"中关于车联网数据财产属性的争论，"滴滴出行"赴美上市对可能产生泄露中国道路信息和用户数据等风险的关注，特斯拉等跨国车企可能向境外传输敏感和隐私数据的担忧等，皆折射出构造逻辑自洽、自成体系的车联网法律治理体系刻不容缓。

本书在对车联网数据加以界定、类型化分析的基础上，从治理对象、治理框架、治理范式、治理方法等角度检视车联网领域法律治理困境，明晰车联网法律治理体系构建的现实基础。鉴于车联网数据形态的复杂性和可转化性，结合车联网数据采集、存储、流通、利用等生命周期，从个人信息、数据产权、数据安全三个重要维度探讨车联网数据法律治理，对车联网个人信息保护、车联网企业数据产权保护、车联网跨境治理加以分别论证。最后，按照单一治理与系统治理、技术治理与法律治理、境内治理与境外治理相融合的思路，从治理原则、治理理据、治理框架、治理规则等方面对车联网法律治理体系加以系统构造，为车联网产业的持续健康发展提供法律保障，助推制造强国、网络强国、交通强国建设。

然而，技术的迭代和革新方兴未艾，多产业融合裂变效应持续放大，车联网数据形态和应用场景处于变动不居状态之中，车联网数据法律治理空间不断扩充，这必然要求对车联网数据法律治理体系建设须秉持前瞻、包容、开放的态度，保持对未来不确定性发展的适应性。如车联网发展依赖于车内网、车际网和车载移动互联网加以通信传输，车联网数据治理中的网络安全，既涉及车载信息交互系统、汽车网关、电子控制单元、诊断接口（OBD）、通用串行总线（USB）端口、充电端口等车联网系统所存在的伪装、重放、注入、拒绝服务等通信安全问题，亦涉及车载通信设备、路侧通信设备、服务平台等车联网通信所存在的信息伪造、数据篡改、重放攻击等安全风险问题。考虑到网络安全较少涉及数据的内容层面，本书未对车联网网络安全单独加以讨论。又如随着汽车智能化、网联化技术应用和产业发展以及智能网联汽车道路测试与示范应用，自动驾驶技术全面落地可期，关于自动驾驶领域的车联网个人信息保护、数据权属等问题的研究有待进一步深入。再如，在人工智能时代，算法在车联网数据处理和利用中扮演着重要角色，乃至对行车安全和个人隐私造成重要影响，车联网领域的算法规制问题亦须引起关切。

综上所述，智能网联汽车如同手机等移动终端，全方位渗透于人们生活过程中，产生了海量的车联网数据。车联网数据法律治理关联个人信息保护、数据安全、App管理、跨境数据流动监管、网络安全、自动驾驶安全等诸多法律主题，并形塑车联网数据法律治理体系。形而上观之，须以"面向未来、走向未来、引领未来"的学术格局，不断调适、丰富车联网数据法律治理的研究范式，扩充车联网数据法律治理的学术容量。形而下观之，可按照"成熟一部制定一部"的立法进路，充分吸收《民法典》《个人信息保护法》《数据安全法》《国家安全法》《网络安全法》等法律和车联网相关技术标准中涉及车联网数据治理的制度资源，不断健全车联网个人信息治理规则、车联网产权治理规则、车联网跨境治理规则、车联网网络治理规则，并适时进行车联网数据法律治理规则的单独立法，形成价值融贯、内容自洽、结构严谨、层次分明、相互衔接的车联网数据法律治理体系，彰显国家治理现代化中的技术理性与制度理性，为车联网产业高质量发展提供坚强法律保障。

参考文献

一、中文文献

1. 中文学术专著

［1］程啸.个人信息保护法理解与适用［M］.北京：中国法制出版社，2021.

［2］大数据战略重点实验室著，连玉明主编.数据法3.0：数权的立法前瞻［M］.北京：社会科学文献出版社，2021年.

［3］冯登国.大数据安全与隐私保护［M］.北京：清华大学出版社，2018.

［4］冯果.经济法——制度·学说·案例［M］.武汉：武汉大学出版社，2012.

［5］高莉.大数据创新发展与知识产权保护［M］.北京：人民出版社，2021.

［6］郭瑜.个人数据保护法研究［M］.北京：北京大学出版社，2012.

［7］韩伟.数字市场竞争政策研究［M］.北京：法律出版社，2017.

［8］黄武双.商业秘密保护的合理边界研究［M］.北京：法律出版社，2018.

［9］惠志斌.数据经济时代企业跨境数据流动风险管理［M］.北京：社会科学文献出版社，2018.

［10］江山.产业发展的政策选择与法律治理：以竞争法为中心展开［M］.北京：法律出版社，2016.

［11］李俨，等.5G与车联网——基于移动通信的车联网技术与智能网联汽车

[M].北京:电子工业出版社,2019.

[12] 刘孔中.解构知识产权法及其与竞争法的冲突与调和[M].北京:中国法制出版社,2015.

[13] 龙卫球.中华人民共和国数据安全法释义[M].北京:中国法制出版社,2021.

[14] 罗力.新兴信息技术背景下我国个人信息安全保护体系研究[M].上海:上海社会科学院出版社,2020.

[15] 宁立志.专利的竞争法规制研究[M].北京:中国人民大学出版社,2021.

[16] 漆多俊.经济法基础理论[M].北京:法律出版社,2017.

[17] 齐爱民.私法视野下的信息[M].重庆:重庆大学出版社,2012.

[18] 齐爱民.捍卫信息社会中的财产:信息财产法原理[M].北京:北京大学出版社,2009.

[19] 孙莹.个人信息保护法条文解读与适用要点[M].北京:法律出版社,2021.

[20] 唐珺.市场竞争法与创新战略[M].北京:知识产权出版社,2017.

[21] 王金照,李广前,等.跨境数据流动:战略与政策[M].北京:中国发展出版社,2021.

[22] 王平.车联网权威指南:标准、技术及应用[M].北京:机械工业出版社,2018.

[23] 王云鹏,严新平.智能交通技术概论[M].北京:清华大学出版社,2020.

[24] 吴冬升.5G与车联网技术[M].北京:化学工业出版社,2020.

[25] 徐士英.竞争政策研究:国际比较与中国选择[M].北京:法律出版社,2013.

[26] 杨蕾,袁晓光.数据安全治理研究[M].北京:知识产权出版社,2020.

[27] 叶敏.互联网经济时代企业数据的利用与知识产权保护[M].北京:中国人民公安大学出版社,2021.

[28] 张才琴,齐爱民,李仪.大数据时代个人信息开发利用法律制度研究[M].

北京：法律出版社，2015.

[29] 张广良. 秩序与边界：知识产权相关竞争法问题研究 [M]. 北京：知识产权出版社，2015.

[30] 张平，马骁. 标准化与知识产权战略 [M]. 北京：知识产权出版社，2005.

[31] 张维迎. 博弈与社会 [M]. 北京：北京大学出版社，2013.

[32] 张璋. 理性与制度：政府治理工具的选择 [M]. 北京：国家行政学院出版社，2006.

[33] 赵刚. 数据要素：全球经济社会发展的新动力 [M]. 北京：人民邮电出版社，2021.

[34] 赵光辉. 重新定义交通：人工智能引领交通变革 [M]. 北京：机械工业出版社，2019.

[35] 郑成思. 知识产权论 [M]. 北京：法律出版社，2003.

[36] 中国信息通信研究院互联网法律研究中心. 个人信息保护立法研究 [M]. 北京：中国法制出版社，2021.

[37] 祝磊. 美国商业秘密法律制度研究 [M]. 长沙：湖南人民出版社，2008.

2. 中文译著

[1] 弗里茨·里特纳，迈因哈德·德雷埃尔. 欧洲与德国经济法 [M]. 张学哲，译. 北京：法律出版社，2016.

[2] 卡尔·拉伦茨. 法学方法论 [M]. 陈爱娥，译. 北京：商务印书馆，2003.

[3] 马克·埃梅尔曼，等. 车联网：汽车应用及其他应用 [M]. 樊秀梅，等译. 北京：北京理工大学出版社，2018.

[4] 玛农·奥斯特芬. 数据的边界：隐私与个人数据保护 [M]. 曹博，译. 上海：上海人民出版社，2020.

[5] 鲍勃·麦昆. 网联汽车与智慧城市的大数据分析 [M]. 王昕彦，孙德林，等译. 北京：机械工业出版社，2020.

［6］戴维·格伯尔.全球竞争：法律、市场和全球化［M］.陈若鸿，译.北京：中国法制出版社，2012.

［7］劳伦斯·莱斯格.代码2.0：网络空间中的法律［M］.李旭，沈伟伟，译.北京：清华大学出版社，2009.

［8］莫里斯·E.斯图克，艾伦·P.格鲁内斯.大数据与竞争政策［M］.兰磊，译.北京：法律出版社，2019.

［9］雪莉·大卫杜夫.数据大泄漏：隐私保护危机与数据安全机遇［M］.马多贺，陈凯，等译.北京：机械工业出版社，2021.

［10］中西孝树.CASE革命：2030智能汽车时代［M］.何晓磊，杨范蠡，译.上海：上海交通大学出版社，2021.

［11］罗纳德·H.科斯.财产权利与制度变迁：产权学派与新制度学派译文集［M］.刘守英，译.上海：格致出版社，2014.

3. 中文论文类

［1］曹胜亮，张晓萌.人工智能时代数据竞争的法律规制［J］.学习与实践，2019（10）：83-91.

［2］陈际红.大数据应用中数据收集的合法性分析［J］.汕头大学学报（人文社会科学版），2017（5）：48-52.

［3］陈金钊，俞海涛.国家治理体系现代化的主体之维［J］.法学论坛，2020（3）：19-28.

［4］陈锦波.规制层次与管控理念：自动驾驶汽车的监管进路［J］.苏州大学学报（法学版），2019（1）：18-25.

［5］崔淑洁.数据权属界定及"卡-梅框架"下数据保护利用规则体系构建［J］.广东财经大学学报，2020（6）：78-87.

［6］戴昕.数据界权的关系进路［J］.中外法学，2021（6）：1561-1580.

［7］单文华，邓娜.欧美跨境数据流动规制：冲突、协调与借鉴——基于欧盟法院

"隐私盾"无效案的考察［J］.西安交通大学学报（社会科学版），2021（5）：94-103.

［8］邓辉.论我国智能驾驶汽车中的个人信息保护［J］.电子科技大学学报（社科版），2020（1）：20-28.

［9］刁胜先，秦兴翰.论人工智能生成数据法律保护的多元分层模式——兼评"菲林案"与"Dreamwriter案"［J］.重庆邮电大学学报（社会科学版），2021（3）：41-53.

［10］丁凤玲.个人数据治理模式的选择：个人、国家还是集体［J］.华中科技大学学报（社会科学版），2021（1）：64-76.

［11］丁晓东.论企业数据权益的法律保护——基于数据法律性质的分析［J］.法律科学（西北政法大学学报），2020（2）：90-99.

［12］丁振华，李锦涛，罗海勇，等.RFID系统与传感器网络中的数据处理综述［J］.计算机应用研究，2008（3）：660-665，673.

［13］范江波.以个人数据权益保护为核心的大数据权益保护研究［J］.信息安全研究，2021（7）：1166-1177.

［14］范思博.数据跨境流动中的个人数据保护［J］.电子知识产权，2020（6）：85-97.

［15］冯果，薛亦飒.从"权利规范模式"走向"行为控制模式"的数据信托——数据主体权利保护机制构建的另一种思路［J］.法学评论，2020（3）：70-82.

［16］冯洁菡，周濛.跨境数据流动规制：核心议题、国际方案及中国因应［J］.深圳大学学报（人文社会科学版），2021（4）：88-97.

［17］冯晓青.数据财产化及其法律规制的理论阐释与构建［J］.政法论丛，2021（4）：81-97.

［18］付大学.论混合财产［J］.中国政法大学学报，2018（1）：35-53，206-207.

［19］高富平.数据生产理论——数据资源权利配置的基础理论［J］.交大法学，

2019（4）：5-19.

[20] 高俊光，单伟.技术标准形成机理实证研究[J].科技进步与对策，2011（15）：10-14.

[21] 郭振，马超，王国良，等.智能汽车信息安全技术发展现状与展望[J].汽车零部件，2021（2）：115-121.

[22] 何波.俄罗斯跨境数据流动立法规则与执法实践[J].大数据，2016（6）：129-134.

[23] 何怀宏.何以为人 人将何为——人工智能的未来挑战[J].探索与争鸣，2017（10）：28-40.

[24] 洪延青.国家安全视野中的数据分类分级保护[J].中国法律评论，2021（5）：71-78.

[25] 胡凌.商业模式视角下的"信息/数据"产权[J].上海大学学报（社会科学版），2017（6）：1-14.

[26] 胡显根.浅论政府治理工具创新的制度——技术逻辑[J].安徽行政学院学报，2021（1）：39-44.

[27] 黄建武.法律的价值目标与法律体系的构建[J].法治社会，2016（2）：1-10.

[28] 黄志雄.网络空间国际规则制定的新趋向——基于《塔林手册2.0版》的考察[J].厦门大学学报（哲学社会科学版），2018（1）：1-11.

[29] 姬蕾蕾.个人信息保护立法路径比较研究[J].图书馆建设，2017（9）：19-25.

[30] 江溯.自动驾驶汽车对法律的挑战[J].中国法律评论，2018（2）：180-189.

[31] 金耀.数据治理法律路径的反思与转进[J].法律科学（西北政法大学学报），2020（2）：79-89.

[32] 孔祥俊.商业数据权：数字时代的新型工业产权——工业产权的归入与权属界定三原则[J].比较法研究，2022（1）：83-100.

[33] 蓝纯杰. 从生成内容到基础数据——人工智能法律保护的新方向 [J]. 科技与法律, 2020（3）: 22-31.

[34] 雷先华, 戴安妮, 陈宇奇. 自动驾驶汽车数据采集系统的应用研究 [J]. 时代汽车, 2020（24）: 181-182.

[35] 黎智洪. 大数据背景下地方政府治理工具创新与选择 [J]. 湖南大学学报（社会科学版）, 2018（5）: 143-149.

[36] 李爱君. 数据权利属性与法律特征 [J]. 东方法学, 2018（3）: 64-74.

[37] 李安. 人工智能时代数据竞争行为的法律边界 [J]. 科技与法律, 2019（1）: 61-70.

[38] 李德恩. 数据权利之法律性质与分段保护 [J]. 理论月刊, 2020（3）: 113-123.

[39] 李景鹏. 关于推进国家治理体系和治理能力现代化——"四个现代化"之后的第五个"现代化" [J]. 天津社会科学, 2014（2）: 57-62.

[40] 李立丰.《个人信息保护法》中"知情同意条款"的出罪功能 [J]. 武汉大学学报（哲学社会科学版）, 2022（1）: 143-156.

[41] 李烁. 自动驾驶汽车立法问题研究 [J]. 行政法学研究, 2019（2）: 104-113.

[42] 李晓宇. 人工智能生成数据权利配置的学理证成与出路 [J]. 宁夏社会科学, 2021（6）: 90-97.

[43] 李艳华. 全球跨境数据流动的规制路径与中国抉择 [J]. 时代法学, 2019（5）: 106-116.

[44] 廖斌, 刘敏娴. 数据主权冲突下的跨境电子数据取证研究 [J]. 法学杂志, 2021（8）: 147-161.

[45] 刘岸泽. 单宏寅: 智能网联汽车数据安全保护 [J]. 智能网联汽车, 2021（6）: 82-83.

[46] 刘连泰. 信息技术与主权概念 [J]. 中外法学, 2015（2）: 505-522.

[47] 刘双阳, 李川. 衍生数据的财产属性及其刑法保护路径 [J]. 学术论坛,

2020（3）：39-47.

[48] 刘影. 人工智能生成物的著作权法保护初探［J］. 知识产权，2017（9）：44-50.

[49] 刘宇，黎宇科，刘洋洋，等. 对自动驾驶汽车数据分类分级的思考［J］. 汽车与配件，2021（18）：40-42.

[50] 刘云. 中美欧数据跨境流动政策比较分析与国际趋势［J］. 中国信息安全，2020（11）：75-78.

[51] 龙卫球. 再论企业数据保护的财产权化路径［J］. 东方法学，2018（3）：50-63.

[52] 卢扬逊. 数据财产权益的私法保护［J］. 甘肃社会科学，2020（6）：132-138.

[53] 吕玉琦，丁启枫，杜昊，等. 汽车自动驾驶和V2X标准进展现状［J］. 数字通信世界，2019（3）：19-20.

[54] 马治国，胡明强，张磊. 我国人工智能基础数据的专门法保护研究［J］. 西北大学学报（哲学社会科学版），2021（6）：153-162.

[55] 毛立琦. 数据产品保护路径探究——基于数据产品利益格局分析［J］. 财经法学，2020（2）：94-109.

[56] 梅夏英. 数据的法律属性及其民法定位［J］. 中国社会科学，2016（9）：164-183，209.

[57] 孟小峰. 破解数据垄断的几种治理模式研究［J］. 人民论坛，2020（27）：58-61.

[58] 宁立志，傅显扬. 论数据的法律规制模式选择［J］. 知识产权，2019（12）：27-35.

[59] 潘妍，余宇舟，许智鑫. 基于区块链技术的智能网联汽车数据跨境安全研究［J］. 中国汽车，2021（7）：38-43.

[60] 彭诚信，陈吉栋. 论人工智能体法律人格的考量要素［J］. 当代法学，2019

（2）：52-62.

[61] 彭辉.数据权属的逻辑结构与赋权边界——基于"公地悲剧"和"反公地悲剧"的视角[J].比较法研究，2022（1）：101-115.

[62] 邵怿.论域外数据执法管辖权的单方扩张[J].社会科学，2020（10）：119-129.

[63] 申卫星.论数据用益权[J].中国社会科学，2020（11）：110-131，207.

[64] 石丹.大数据时代数据权属及其保护路径研究[J].西安交通大学学报（社会科学版），2018（3）：78-85.

[65] 陶乾.论著作权法对人工智能生成成果的保护——作为邻接权的数据处理者权之证立[J].法学，2018（4）：3-15.

[66] 童彬.数据财产权的理论分析和法律框架[J].重庆邮电大学学报（社会科学版），2019（1）：50-57.

[67] 王博，丁堃，刘盛博，等.基于技术标准的下一代移动通信产业竞争情报分析[J].科技管理研究，2015（2）：134-139.

[68] 王成.个人信息民法保护的模式选择[J].中国社会科学，2019（6）：124-146，207.

[69] 王德夫.论我国"大数据战略"背景下社会创新的制度保障：以知识产权为视角[J].南京理工大学学报（社会科学版），2019（3）：27-34.

[70] 王冬，张菲菲.车联网系统关键技术剖析[J].物联网技术，2014（3）：82-84.

[71] 王利明.论个人信息权的法律保护——以个人信息权与隐私权的界分为中心[J].现代法学，2013（4）：62-72.

[72] 王锡锌.个人信息国家保护义务及展开[J].中国法学，2021（1）：145-166.

[73] 王秀哲.大数据时代个人信息法律保护制度之重构[J].法学论坛，2018（6）：115-125.

［74］王艳艳，桂丽，蔡亚芬.车联网用户数据保护评估研究［J］.信息通信技术与政策，2020（8）：68-71.

［75］王苑.数据权力视野下个人信息保护的趋向——以个人信息保护与隐私权的分立为中心［J］.北京航空航天大学学报（社会科学版），2022（1）：45-57.

［76］王中美.跨境数据流动的全球治理框架：分歧与妥协［J］.国际经贸探索，2021（4）：98-112.

［77］温昱.大数据的法律属性及分类意义［J］.甘肃社会科学，2018（6）：90-97.

［78］吴沈括.数据跨境流动与数据主权研究［J］.新疆师范大学学报（哲学社会科学版），2016（5）：112-119.

［79］吴午东.人工智能生成内容与传统版权制度的分歧［J］.山东社会科学，2020（7）：36-42.

［80］吴亚光.论数据财产权成立的权利客体基础［J］.图书馆建设，2021（3）：84-93.

［81］相丽玲，高倩云.大数据时代个人数据权的特征、基本属性与内容探析［J］.情报理论与实践，2018（9）：45-50，36.

［82］项定宜.论个人信息财产权的独立性［J］.重庆大学学报（社会科学版），2018（6）：169-180.

［83］谢琳.大数据时代个人信息使用的合法利益豁免［J］.政法论坛，2019（1）：74-84.

［84］邢会强.大数据交易背景下个人信息财产权的分配与实现机制［J］.法学评论，2019（6）：98-110.

［85］宿峰荣，管继富，张天一，等.车联网关键技术及发展趋势［J］.信息技术与信息化，2017（4）：43-46.

［86］徐汉明，孙逸啸，吴云民.数据财产权的法律保护研究［J］.经济社会体制

比较，2020（4）：183-191.

[87] 徐实. 企业数据保护的知识产权路径及其突破 [J]. 东方法学，2018（5）：55-62.

[88] 徐伟. 企业数据获取"三重授权原则"反思及类型化构建 [J]. 交大法学，2019（4）：20-39.

[89] 许可. 数据保护的三重进路——评新浪微博诉脉脉不正当竞争案 [J]. 上海大学学报（社会科学版），2017（6）：15-27.

[90] 杨殿阁. 对当前智能汽车数据安全的6点看法 [J]. 汽车纵横，2021（5）：90-92.

[91] 叶敏，李安阳. 论个人信息利益分享权的可行性与实现路径 [J]. 中国高校社会科学，2020（5）：50-57，157.

[92] 余海燕. "智力成果权"范式的固有缺陷及危机——兼论知识产权统一性客体 [J]. 理论导刊，2011（7）：91-93.

[93] 袁昊. 数据的财产权构建与归属路径 [J]. 晋阳学刊，2020（1）：103-111.

[94] 翟云. 中国大数据治理模式创新及其发展路径研究 [J]. 电子政务，2018（8）：12-26.

[95] 张舵. 略论个人数据跨境流动的法律标准 [J]. 中国政法大学学报，2018（5）：98-109，207-208.

[96] 张浩，陈全思. 我国智能网联汽车数据跨境流动的法律规制 [J]. 人工智能，2020（4）：40-46.

[97] 张进，蔡之骏，杨波. 车联网关键技术及应用研究 [J]. 汽车实用技术，2021（13）：23-26.

[98] 张黎. 大数据视角下数据权的体系建构研究 [J]. 图书馆，2020（4）：21-28.

[99] 张淑芳. 论技术规则对行政法规范的渗入 [J]. 湖北警官学院学报，2005（4）：5-10.

[100] 张素华, 宁园. 论数据利益的保护路径——以数据利益的解构为视角[J]. 私法, 2019（1）: 44-66.

[101] 张韬略, 蒋瑶瑶. 智能汽车个人数据保护——欧盟与德国的探索及启示[J]. 德国研究, 2019（4）: 92-113, 151.

[102] 张新宝, 许可. 网络空间主权的治理模式及其制度构建[J]. 中国社会科学, 2016（8）: 139-158, 207-208.

[103] 张忆然. 大数据时代"个人信息"的权利变迁与刑法保护的教义学限缩——以"数据财产权"与"信息自决权"的二分为视角[J]. 政治与法律, 2020（6）: 53-67.

[104] 张圆. 论技术标准的法律效力——以《立法法》的法规范体系为参照[J]. 中国科技论坛, 2018（12）: 114-119.

[105] 赵海乐. 比较法视角下的我国"车联网"数据治理路径选择[J]. 上海财经大学学报, 2021（5）: 139-152.

[106] 赵建国. 特拉斯"偷脸"？智能汽车如何跨越数据安全鸿沟[J]. 中国信用, 2021（4）: 121-123.

[107] 赵锐, 侯晓娜. 企业数据的立法保护困境及法律构造[J]. 南京理工大学学报（社会科学版）, 2020（6）: 7-13.

[108] 赵长江, 张议芳. 智能汽车取证的法律规制研究[J]. 重庆邮电大学学报（社会科学版）, 2020（3）: 34-41.

[109] 郑智航. 网络社会法律治理与技术治理的二元共治[J]. 中国法学, 2018（2）: 108-130.

[110] 仲春. 数据不正当竞争案件的裁判规则[J]. 人民司法, 2019（10）: 16-21.

[111] 周汉华. 平行还是交叉 个人信息保护与隐私权的关系[J]. 中外法学, 2021（5）: 1167-1187.

[112] 朱荣荣. 个人信息保护"目的限制原则"的反思与重构——以《个人信息保护法》第6条为中心[J]. 财经法学, 2022（1）: 18-31.

[113] 朱雯娟. 车联网技术的发展和前景 [J]. 电子质量, 2020 (11): 105-106, 110.

二、外文类文献

[1] BRIDY A. Coding Creativity: Copyright and the Artificially Intelligent Author [J]. Stanford Technology Law Review, 2012, 5: 1-28.

[2] PIILOLA A. Assessing Theories of Global Governance: A Case Study of International Antitrust Regulation [J]. Stanford Journal of International Law, 2003, 39: 207-256.

[3] KUNER C. Trans-border Data Flows and Data Privacy Law [M]. Oxford: Oxford University Press, 2013.

[4] MICHELMAN F I. Ethics, Economics, and the Law of Property [J]. Nomos, 1982, 24 (3): 1-19.

[5] CATE F H. The Changing Face of Privacy Protection in the European Union and the United States [J]. Indiana Law Review, 1999, 33: 173-232.

[6] HARDIN G. The Tragedy of the Commons [J]. Science, 1968, 162 (3859): 1243-1248.

[7] CALABRESI G, MELAMED A D. Property Rules, Liability Rules, and Inalienability: One View of The Cathedral [J]. Harvard Law Review, 1972, 85 (6): 1089-1128.

[8] GORSKI A. Summary of U.S. Foreign Intelligence Surveillance Law, Practice, Remedies, and Oversight [M]. New York: American Civil Liberties Union, 2018.

[9] MALGIERI G. Property and (Intellectual) Ownership of Consumers' Information: A New Taxonomy for Personal Data [J]. Social Science Electronic Publishing, 2016 (4): 133-138.

[10] PIPE G R. International Information Policy: Evolution of Trans-border Data Flows Issues [J]. Telematics and Informatics, 1984, 1 (4): 409-418.

[11] DEMSETZ H. Toward a Theory of Property Rights [J]. American Economic Review, 1967, 57 (2): 347-359.

[12] FRRELL H, NEWMAN A L. Of Privacy and Power: The Transatlantic Struggle over Freedom and Security [M]. Princeton: Princeton University Press, 2019.

[13] FROMHOLZ J M. The European Union Data Privacy Directive [J]. Berkeley Technology Law Journal, 2000, 15: 461-483.

[14] IRION K. Government Cloud Computing and National Data Sovereignty [J]. Policy & Internet, 2015, 4 (3): 40-71.

[15] RETZER K, RICH C, WUGMEISTER M. Global Solution for Cross-border Data Transfers: Making the Case for Corporate Privacy Rules [J]. Georgetown Journal of International Law, 2007, 38 (3): 449-498.

[16] BAKER M B. No Country Left Behind: the Exporting of U.S. Legal Norms under the Guise of Economic Integration [J]. Emory International Law Review, 2005, 19: 1321-1380.

[17] PURTOVA N. The Law of Everything. Broad Concept of Personal Data and Future of EU Data Protection Law [J]. Law, Innovation and Technology, 2018, 10 (1): 40-81.

[18] NOLAN R L. Managing the Computer Resource: A stage Hypothesis [J]. Communications of the ACM, 1973, 16 (7): 399-405.

[19] PATEL O, LEA N. EU-U.S. Privacy Shield, Brexit and the Future of Transatlantic Data Flows [J]. University College London European Institute, 2020, 10: 1-33.

[20] SCHWARTZ P, SOLOVE D. The PII Problem: Privacy and a New Concept of Personally Identifiable Information [J]. New York University Law Review, 2011, 86: 1815-1894.

[21] DANCHIN P G. Unilateralism and the International Protection of Religious Freedom: the Multilateral Alternative [J]. Columbia Journal of Transnational Law, 2002, 41 (1): 33-135.

[22] YU P K. Currents and Crosscurrents in the International Intellectual Property Regime [J]. Loyola of Los Angeles Law Review, 2004, 38 (1): 323-443.

[23] SALBU S R. Regulation of Borderless High-technology Economies: Managing Spillover Effects [J]. Chicago Journal International Law, 2002, 3 (1): 137-153.

[24] YUEN S. Exporting Trust with Data: Audited Self-regulation as a Solution to Cross-border Data Transfer Protection Concerns in the Offshore Outsourcing Industry [J]. Columbia Science and Technology Law Review, 2007, 9: 41-70.

[25] EUBANKS V. Automating Inequality: How High-Tech Tools Profile, Police and Punish the Poor [M]. New York: St. Martin's Press, 2018.

[26] WESLEY N H. Some Fundamental Legal Conceptions as Applied in Judicial Reasoning [J]. Yale Law Journal, 1913, 23 (16): 28-59.

后 记

此书是本人在武汉大学法学院读博期间完成的成果。

能在武汉大学深造是我儿时的梦想，幸得我的博士生导师宁立志教授接纳，我的梦想才得以实现。初见时，老师的谈吐令我心生敬慕，我遂下定决心向老师求学。考博之路纵然艰辛异常，但初心不断激励着我通过重重考验。拜入师门后，我深刻地感受到了自己与身边优秀同学的差距，这一度使我迷茫，试图尽快产出一些学术成果证明自己。老师察觉到了我的困惑并因材施教，针对我车辆工程本科背景制订了有针对性的培养计划，告诫我不要急于求成，要求我多读佳作以夯实基础，进而为我指明研究方向——汽车领域的经济法问题研究。其实，本科阶段的车辆工程专业知识远不足以应对汽车领域内的新兴法律问题，若非老师的耳提面命，我实难沉下心来专注于该领域的法学研究。题为《我国汽车销售市场的竞争法分析——以〈汽车销售管理办法〉评析为视角》一文，是我在老师的指导下完成的首个交叉领域主题研究，最终获《中国社会科学文摘》全文转载，这不仅应归功于老师逐字逐句的多次修改，更重要的是当文章因"主题过于微观"等多次遭拒时，老师坚定的支持和鼓励是我不断修改完善的动力来源。在老师的督促下，我积极参加学术活动以锻炼自己的表达能力，参加师门羽毛球活动以放松身心、强健体魄，顺利完成学校的培养计划并通过了国家统一法律资格考试。进入毕业环节后，老师帮助我确定了选题，向我提供了丰富的前沿研究资料。于我而言，论文的写作具有相当的难度，但老师长期以来的关心与鞭策，是我如期完成这一成果的精神支柱。"一日为师，终身为父"是我自幼建立的价值观，老师在做人和做学问方面的风范使我终生受用。

我还要感谢武汉大学经济法大家庭的家长们，尤其是冯果、熊伟、张荣芳、喻术红、孙晋这五位老师，他们在我博士论文的开题、预答辩环节向我提供了丰富而又中肯的建议，对我的论文进行了多次斧正，让我沐浴在经济法大家庭的关爱和帮助之中，向着正确的方向前进、成长。亦要感谢武汉理工大学魏万德、陈茂国两位老师，他们是我迈入博士生涯的引路人。老师们的指导我铭记于心，希望今后能以优异的成绩回馈老师们的栽培。

感谢周围、王德夫、李明、胡小伟、董维等同门师兄师姐对我的照顾，杨妮娜、赵乾、房海军、任宛立、张弋羲、钟原、朱梦云、戴秋燕等同学对我的帮助，郭玉新、王宇、覃仪、叶紫薇、郭壬癸、苗沛霖、吴雨虹等师弟师妹对我的支持，知识产权及竞争法研究中心所有伙伴们的相互促进以及王业胜、黄爽、章琨、初亚等同学兼挚友的陪伴。

最后，我要感谢我的家人，尤其是我的外祖父母、父母及我的叔叔肖虎、舅舅易治斌对我的关怀、信任，及其在我求学期间无私的付出。

求学多年，感触颇多，"人生不如意之事十有八九"是我对这段求学经历的总结和回顾。在面对法学研究这片汪洋大海时，我深刻地认识到自己的渺小，在我所取得的上述小成绩的背后，隐藏着许多不为人知的辛酸。我的心态亦完成了从急功近利到"但行耕耘、莫问收获"的转变。老师、朋友以及家人的关怀与帮助，让我度过了这个重要、困难且刻骨铭心的人生阶段，我难以忘记在复试现场的两股战战，第一次参加学术论坛前夜的彻夜难眠，文章屡遭退回后的灰心丧气，"法考"差3分通过时的黯然神伤，毕业论文写作过程中的殚精竭虑、废寝忘食……如果不是大家，我恐难以为继，也正是因为你们，让我对未来充满希望。愿与诸位情谊永存，携手共进！

  本书即将付梓出版，特别感谢知识产权出版社的王颖超老师细致、用心的编辑工作，使本书得以顺利出版。

肖　翰

2023年8月于武汉